네 인생의 한 쿼터

네 인생의 한 쿼터

초판 1쇄 찍은 날 · 2013년 11월 5일 | 펴낸 날 · 2013년 11월 10일
지은이 · 서명희 | 펴낸이 · 김승태
등록번호 · 제2-1349호(1992. 3. 31) | 펴낸 곳 · 예영커뮤니케이션
주소 · (136-825) 서울시 성북구 성북1동 179-56 | 홈페이지 www.jeyoung.com
출판사업부 · T. (02)766-8931 F. (02)766-8934 e-mail: jeyoungedit@chol.com
출판유통사업부 · T. (02)766-7912 F. (02)766-8934 e-mail: jeyoung@chol.com

Copyright © 2013, 서명희
ISBN 978-89-8350-866-9 (03230)
값 10,000원

이 도서의 국립중앙도서관 출판시도서목록(CIP)은 서지정보유통지원시스템 홈페이지(http://seoji.nl.go.kr)와 국가자료공동목록시스템(http://www.nl.go.kr/kolisnet)에서 이용하실 수 있습니다.
(CIP제어번호: CIP2013019752)

네 인생의 **한 쿼터**
One quarter of your life

서명희 지음

예영커뮤니케이션

천국은 침노하는 자의 것이다!

차례

1장. 페이스북에 남긴 글

자정이 다 됐다. 페이스북에 글 한 줄 써 놓고 하루를 마무리한다.

"천국은 침노하는 자의 것이다!"

나는 막 25살을 떠나보냈다. 내 인생의 한 쿼터를 산 셈이다. 인간의 연수가 백세라면 사등분해 봤을 때 말이다. 나는 25년 동안 인생의 기반을 다졌다. 그 기반이란 태어나서 한 '가정'과 '학교'에서 성장하여 '직장'을 얻고, '결혼'을 했다는 것이다. 인생은 얼마큼 성공했느냐보다는 어떻게 그 과정을 살아왔는가가 더 중요하다. 그래서 내 삶의 스토리를 소개해 주고 싶다. 즉 내 이야기가 한 사례가 되기를 바란다. 그러면 이것은 누구에게는 멘토링이 되고, 누구에게는 팁이 될 것이다.

나는 좀 독특한 티시케이(TCK: Third Cultural Kid)로 자랐다. 한국인으로 서울에서 태어났지만 세 나라, 그것도 한국, 헝가리, 미국에서 성장했다. '오대양 육대주'의 반에 해당하는, 세 문화권에서 살았다. 그만큼 타 문화권에서 겪고 고민했던 내 인생의 한 쿼터를, 오늘 밤 여러분과 나누려고 한다. 그리고 내 풍부한 경험담이 끝난 후에 나는 여러분에게 묻고 싶다.

"네 인생의 한 쿼터는?"

나는 대한민국에서 5년, 헝가리에서 8년, 미국에서 12년을 살았다. 합 25년이다. 물론 어릴 때는 나의 의지가 아닌, 부모님에 의해 내 삶이 좌우되었지만 말이다. 나는 한국에서 태어나서, 만 다섯 살 때 선교사인 부모님을 따라 헝가리로 이주했고, 또 부모님이 공부하는 동안은 미국에서 살았으며, 그 후 다시 헝가리로 돌아왔다. 그리고 만 18살 때부터는 부모님을 떠나, 미국으로 대학을 갔고 차츰 내 인생을 내가 책임지기 시작했다. 어찌 보면 여러 나라에서 살아본 행운아일 수 있지만, 언어와 인종이 다른 사람들 사이에서 '나'라는 정체성을 세워 가기 위해 외로운 시간을 보내야만 했다. 우선 학교를 많이 옮겨 다녔는데, 도표로 정리해 보면 다음과 같다.

한국 (서울)	헝가리 (부다페스트)	미국 (LA) 샌버나니노 (베이커즈필드)	헝가리 (부다페스트)	미국 (라비라나)
5년	3년	5년	5년	7년
유아원	유치원 - 초등 2	초등 2 - 중등 1	중등 1 - 고졸	대입 - 대졸
1986.5.- 1991.6.	1991.6.- 1994.3.	1994.3.- 1999.3.	1999.3.- 2004.8.	2004.8.- 2012

운명처럼 내 삶의 터전이 이렇게 다양하게, 때로는 혼란스럽게 바뀌면서, 나는 제3문화 속에서 생존해야만 했다. 이동과 정착, 당황과 적응, 따돌림과 우정, 상과 벌, 사랑과 이별, 거절과 환영, 졸업과 취직, 결혼 … 이런 것들을 겪으면서 스물다섯 살까지를 보내야 했다.

내 이야기가 어떤 영웅담이거나 성공담은 아니다. 인생종착역에 도달한 것도 아니다. 단지 한 역 한 역 지나갈 때마다 때로는 어둡고 휘어진 터널이 있었던 것! 그리고 그것을 통과하면서 몸부림쳤던 것, 그 이야기를 들려주고 싶은 것이다. 그런 고통의 백신을 맞아봤기에, 앞으로 어떤 어려움이 오더라도 이겨낼 수 있고, 또 지금 힘들어도 감사하면서 살아갈 수 있으니까.

내가 청춘의 시기에 폭풍우치는 날처럼 흐느끼거나 몸부림칠 때면 아빠는 이렇게 말씀하셨다.

"선로 위에만 있으면, 기차는 언젠가 터널을 뚫고 나온다."

태풍은 진로가 있지만 나는 진로를 모른다는 청소년들, 비전을 향해 달려가지만 멘토가 없어 홀로 역부족인 청년들, 어려운 환경 속에서 하루하루 생존을 위해 몸부림치는 젊은이들, 자녀를 잘 키우고 싶어 하는 부모님들에게 내가 겪은 다양한 체험들이 자신의 인생 선로를 확고히 하는 계기가 되길 바란다. 아빠가 내게 말한 선로는 바로 '신앙'이었다. 자신의 믿음을 지키라는 것이었다.

오늘 밤은 내가 살아온 인생의 한 쿼터를 고백하는 긴 시간이 될 것 같다. 실크로드를 뚜벅뚜벅 걸어갔던 낙타처럼 내가 걸어갔던 길! 시간이 바람처럼 휘몰아와 내 인생의 발자국을 모래로 다 덮어 버렸지만, 내 속에 녹아들어 내 자신이 된 의미 있는 유적들….

그곳, 내 삶의 배경에는 늘 무화과나무가 있었다. 그 나무는 땅에서부터 예닐곱 개의 가지가 뻗어서 키가 4미터까지 자라지만, 사람이 올라탈 수 있을 만큼 굵지는 않다. 사람이 기댈 수 있는 든든한 기둥도 되어 주지 못 하고, 둥지를 틀 수 있는 서식지도 되지 못 한다. 사람이 올라타면 가지가 출렁거려 사람을 넘어뜨리는 무화과나무는 내가 가지를 옮기면서 자라온 세상과 같다.

꽃 없이 어느새 과실을 맺는 나무, 무화과(無花果)! 우리 아빠와 엄마, 나와 동생도 25년 동안 서로 부대끼며 어느새 하나둘 성장의 과실을 맺어 갔다. 그것도 조금씩 소개하려고 한다.

나는 피가 끓는 청춘이다. 내 인생의 첫 쿼터는 멋모르고 올라탄 무화과나무처럼 휘청거리며 연단과 훈련을 받으며 성장했다. 이제 내 인생의 두 번째 쿼터(26살부터 50살까지)는 그 다진 기반 위에 내 집을 짓고 싶다. 하나님이 내게 주신 달란트로 하나님께 영광을 돌리고, 사회에서 영향력 있는 삶을 살고 싶다. 세 번째, 네 번째 쿼터는 점점 더 주께 헌신하고 사회에 이바지하는, 삶의 크레센도로 살고 싶다.

바라고, 구하고, 찾고, 두드려야 인하는 천국! 나의 비전을 향해, 내 이야기가 끝나면, 새 쿼터의 출발점에서 나는 다시 한 번 크게 숨을 고를 것이다.

"그래! 천국은 침노하는 자의 것이야."(마 11:12)

무화과열매 하나

서식지 棲息地

이해의 고개를 끄덕이는 나뭇가지만이
자기보다 무거운 새를
앉힐 수 있다.

날아감의 자유를 주되
돌아옴의 믿음을 가진 서식지.

노랫거리 가득 담아
가슴 부풀어 올 새를
기다리는 사이
성장하는 나무.

이해의 고개를 끄덕이는 나뭇가지만이
자기보다 무거운 새를 깃들이고
새의 새 노래에 귀기울인다.

* 새들이 그 속에 깃들임이여
학은 잣나무로 집을 삼는도다(시 104:17).

우리 엄마, 서명희(『거친 들에서 올라오는 자』, 규장)

2장. 무화과나무에 오르다

1. 한국에서, 어린 손님이 양호실에 찾아오다

아빠가 태몽을 꿨다. 호랑이와 용이 하늘로 날아오르는 꿈이었다. 나는 1986년 호랑이띠에, 이 년 후 동생은 용띠에 태어났다.

나는 우리 집 장손이다. 할아버지는 내 이름을 성화, 내 동생의 이름을 성훈이라 지으셨다.

"성(聖) 자는 말이야~ '거룩할 성' 자인데, 귀(耳)로 많이 듣고, 입(口)을 무겁게 하면, 왕(王) 같은 자가 된다는 뜻이야. 그래서 성화(聖和)는 '평화롭게 한다', 성훈(聖勳)은 '공을 많이 세운다'는 뜻이지."

그리고 성경에서 따온 이름으로, 나는 디모데(애칭은 Tim), 동생은 엘리야로 불렸다. 그런 인물처럼 되라고….

할아버지는 서울시 공무원이었고, 할머니는 6 · 25 전쟁 때 참전했던 간호사였다. 아버지는 연예인이 아니다. 동국대학교 연극영화학과

19기 출신으로 학회장도 했고, 영화진흥위원회 장학금도 받아 공부했지만, 연기를 접고 대학생 선교단체에서 일하는 전도사가 되었다. 엄마는 중고등학교 국어 교사였다.

할아버지와 같은 분들의 긍지는, "88 올림픽은 우리 손으로 치러졌지!" 하는 것이었다. 할머니 같은 분들의 자랑은, "전쟁 중 팔다리 잘린 군인들 수술은 우리가 했지!"였다. 할머니에게는 "내가 심부름 갔다 와 보니, 동료 간호사들이 다 죽어 있는 거야. 우물에 독약을 풀어놓은 것을 모르고 물을 길어 밥을 짓다가…. 세상에! 내가 살아남은 건 기적이지!"라며 구사일생한 스토리도 많다.

할머니는 대구 동산병원 간호사였다. 안동성서병원 원장 존 티 비거 선교사는 할머니가 젊었을 때 그를 미국 의대에 보내려고 했다고 한다. 그런데 회의하러 일본에 갔다가 6·25 전쟁이 발발하는 바람에 한국으로 들어오지 못하고 미국으로 가면서 편지만 보내 왔다고 했다.

아버지는 텔레비전에 아는 연예인들이 나오면 무대를 아쉬워하면서 이렇게 말씀하셨다.

"내가 대학교 4학년 때 최○○이, 내가 대학원 다닐 때 한○○가 들어왔지. 강○○는 두 해 선배인데 노래, 악기도 잘했어. 홍○○는 날 잘 따랐고…. 임○○과 "학교 2013"의 이○○ 피디는 나와 같은 기수고…."

그러면 엄마는 질세라 긍지가 대단했다.

"내가 가르쳤던 제자 중에는 지상파 방송국 아나운서, 교수, 의사도 있어. 국제 구호단체 선교사는 내가 알기만도 세 명이나 있지. 연락이 끊긴 제자들이 온 세상에 흩어져 살고 있을 거야."

엄마는 교사였기 때문에, 할머니께서 나를 키워 주셨다. 그런데 내가 만 두 살 때인가, 할머니가 이모할머니의 소천으로 충격을 받으셨는지 그만 갑상선 기능 항진증이라는 병에 걸리셨다. 할머니는 땀이 많이 나고 몸무게가 급격히 줄었는데(살이 35kg까지 빠졌었다) 우리 가족은 그때 할머니가 소천하시는 줄 알았다.

할머니의 투병 기간 중에, 나는 할머니의 품 대신 학교에 출근하는 엄마의 등에 업혀 유아원에 맡겨졌다. 엄마가 교사회의 시간에 쫓기는 날이면, 학교 교문 앞 문방구에 임시로 맡겨지곤 했다. 그러면 엄마는 조례가 끝난 후나 수업이 비는 시간에 와서, 문방구 아저씨에게 여러 번 굽실거린 후, 나를 유아원에 데려다주곤 했다.

출근할 때가 되면 엄마는 마음이 급해져서 유아원이 북악산 기슭의 오르막길에 있었는데도 나를 업고 막 뛰었다. 퇴근 후에는 축 처진 어깨로 아장아장 걷는 내 손을 잡고 유아원 아래 긴 내리막길을 터벅터벅 걸었다. 그러면 나는 엄마 몰래 그 길을 익혀 두었다. 하루는, 나를 유아원에 내팽개치다시피 버려두고 급히 나가는 엄마를 몰래 따라가고 싶었다. 나는 유아원의 여자아이 하나를 꼬였다.

"나 따라갈래?"

"어딜?"

"우리 엄마 학교!"

그렇게 유아원 선생님 몰래 여자 친구와 긴 여정을 나섰다. 그런데 내리막길 중간에 그 아이는 무섭다고 도로 가 버렸다. 할 수 없이 혼자, 내리막길과 또 옆으로 이어진 꼬불꼬불한 골목길을 자박자박 걸어갔다. 오르락내리락 공사길도 있었는데, 어떻게 학교 교무실까지 들어갔는지 모르겠다.

"꼬마야, 넌 누구니?"

"김성화! 우리 엄마~ 여기 있어요.

"햐~"

교감 선생님의 심문이 끝난 뒤 나는 양호실로 보내졌다.

그 후 얼마나 지났을까? 발자국 소리가 났는데, 나는 누구인지 딱 알아맞혔다.

"우리 엄마다!"

양호실 문을 연 엄마는 나를 보는 순간 깜짝 놀라 달려왔다.

"엉? 너가 어떻게? 교감 선생님이 손님 와 계신다고 하더니…."

할머니의 건강이 차츰 좋아지자 엄마는 내 동생을 임신했고, 우리 가족은 살고 있던 할아버지 집에서 분가하기로 했다. 전세비가 싼 미아리고개, 그곳은 조그만 마을버스에 사람들이 미어터지게 타는 동네였다. 나는 이곳저곳 유치원으로 보내졌는데, 그때마다 울며 떼를 쓰고 안 가겠다고 했다. "할머니~" 하고 곧잘 울기도 했다.

하지만 엄마는 학교에서 소풍 가는 날은 나를 데리고 갔고, 주말이면 드림랜드 산으로 가서 잠자리와 곤충을 잡아 주었다. 드디어 엄마가 동생을 낳았다. 그 후 엄마의 제자였던 누나가 취직자리를 구하기 전까지 우리 둘을 집에서 봐 주기로 했다. 그런데 스물 살 된 누나는 착하기만 해서 나랑 동생을 어떻게 돌볼 줄 몰라 쩔쩔맸다.

엄마는 나를 낳았을 때 젖이 잘 안 나와 모유를 짜서 겨우 한 달 정도 먹였는데, 동생을 낳은 후에는 젖이 펑펑 나왔다. 곧 학교에 복귀한 엄마는 그 젖을 주체할 수 없어서 광목천을 가슴에 대고 쉬는 시간마다 화장실에 가서 갈아 끼웠다고 한다. 젖이 잘 나왔을 때는, 먹일 상황이 안 되었다니, 참 안타깝다. 나는 고등학생 때 미적분이 어려워 통탄한 적이 있다. '엄마가 내게 모유를 충분히 먹였다면 내 머리가 좋았을 텐데….'

나는 어릴 때 길을 잃어버린 적은 없다. 그래도 엄마는 몇 번 내가 없어진 줄 알고 가슴이 덜컥 내려앉았다고 한다. 나와 동생을 봐 주는 누나가 있을 때도 나는 혼자 밖으로 나가 플라스틱 앉은뱅이 자동차를 끌고 동네를 어슬렁거리며 남의 집을 잘 기웃거렸다. 한번은 게임기가 있는 집에서 장난감 자동차를 던져 놓고 정신없이 놀았는데, 퇴근해서 집에 온 엄마는 내가 없어졌다며 찾아다니느라 난리가 났다. 내가 신나게 두 발로 자동차를 끌고 우리집 근처 골목에 나타나자, 엄마는 달려와 나를 꼭 껴안으며 십년감수했다고 했다.

내가 잘 가는 집에 아끼던 순종개가 있었는데, 새끼를 낳았다. 강아지들과 노느라 그 집에 붙어사니까, 주인이 절룩거리는 강아지 한 마리를 선물로 주었다. 집에 강아지를 데려오니, 엄마는 환호성을 지르며 좋아했다.

"암놈이네. 이름을 뭐로 하지? '웬디'로 할까?"

피터팬에 나오는 착한 누나, '웬디!' 발에 하얀 붕대를 칭칭 감아 주고, 닭대가리를 고아먹이며, 운동도 시키고, 뼈가 튼튼해지기를 기도했더니, 웬디는 정말 잘 걷게 되었다. 나중에 웬디는 새끼를 여러 마리 낳았는데, 그때마다 할머니가 새끼들을 팔아서 그 돈을 우리 통장에 넣어 주셨다. 또 고마운 분들께 강아지를 선물로 드리기도 했다.

나와 동생을 돌봐주던 엄마의 제자가 직장을 구해 더 이상 우리를 돌봐 줄 수 없게 되자, 동생은 부산 외할아버지 댁으로 보내졌다. 엄마는 잉꼬 두 마리를 사 왔는데, 나보고 물과 먹이를 주라고 했다. 또 나는 새장 바닥에 똥이 많이 쌓이면 아빠와 함께 새장 청소를 했다.

나는 아빠가 일하는 정동채플이나 부암동 대학생 선교센터에 무슨 특별한 행사가 있으면 따라갔다. 한번은 국제 컨퍼런스가 있어서 꼬마 신랑처럼 한복을 입고 갔었다. 그때 처음으로 파란 눈을 가진 내 또래 아이들을 보았다.

추석 연휴를 맞아 우리 가족은 할아버지 댁에 가서 지내다가 삼 일 후 집에 왔는데, 깜빡 새를 방치해 두고 나와 버렸다. 늘 우리를 졸졸 따라 다니던 웬디만 데리고 갔던 것이다. 잉꼬새 한 마리는 나뭇가지에 체념한 채 조용히 앉아 있었는데, 다른 한 마리는 끝까지 얼마나 발버둥을 쳤는지 새장 밖에 깃털과 똥이 흩어져 있었고, 새장 바닥에 날개를 벌린 채 죽어 있었다. 체념과 치열, 그 상반된 모습이 오랫동안 지워지지 않았다. 미안.

어느 날 엄마가 학교를 그만 두었다. 우리는 동생을 데리러 기차를 타고 외할아버지 댁에 갔다. 외할아버지 집에는 나무와 꽃이 많았다. 또 우리가 길렀던 것과 같은 잉꼬도 두 마리 있었다. 이종사촌들도 가까이 살고 있어서, 합 여섯 명의 머슴아들이 복닥거렸다.

외할아버지 집에서 조금만 걸어가면 바로 구덕산 대신공원인데 우리는 계곡에 튜브를 가져가서 헤엄치며 놀았다. 전부 사나이들이라서 칼싸움을 하며 놀았는데, 내가 다치면 외할아버지는 얼른 마당에 있는 무화과나무의 설익은 열매를 따서 그 열매의 하얀 진을 상처에 발라주곤 했다.

서울에 돌아와서 우리 가족은 다시 할아버지 집으로 이사했다. 나와 동생은 교회 유아원에 다니며, 태권도를 배웠다. 하지만 왠지 집안이 어수선했다. 할머니는 나를 안고 울기도 하면서, 우리가 아주 먼 곳으로 이사 갈 거라고 했다.

"미아리보다 더 멀어?"

"응! 비행기 타고 가야 돼."

"떳다 떳다 비행기 날아라 날아라, 멀리 멀리 날아라 우리 비행기!"

"그래! 우리 장손!" 할머니는 또 울었다.

나는 만 다섯 살 생일을 맞이했다. 상다리가 부러질 듯 진수성찬이 차려졌지만 최후의 만찬처럼 좀 슬픈 분위기였다. 나와 동생은 영문도 모른 채, 부모님과 함께 친척집과 아는 사람들의 집을 찾아다니며 인사를 드렸다. 나는 나들이하면서 용돈 받는 게 좋아서 싱글벙글했지만, 연세 많은 왕고모 할머니들은 눈물을 닦기도 했다.

어느 날에는 아빠가 소속된 선교단체의 정동채플에서 우리 가족과 또다른 한 가족을 선교사로 파송하는 예배가 있었다. 두 가족 모두 강단 위로 올라갔고, 목사님을 비롯한 많은 사람들이 기도해 주었다. 그때 나는 천방지축, 너무 부산스러운 아이라서 강단에서 끄집어 내려졌다.

그렇게 내 다섯 살 생일이 지나자마자, 그러니까 1991년 6월 11일, 우리 가족은 비행기를 타고 먼 곳으로 떠나야만 했다. 소련의 지배를 받아 공산주의 국가였던 동유럽의 '헝가리'라는 나라로…. 그 당시 사람들은 고개를 갸우뚱하며 되묻곤 했다.

"헝그리(배고픈)한 나라?"

2. 헝가리에서, 코레아이 자존심에 벌받다

그때만 해도 헝가리에는 아직 공산주의 권력의 잔재가 많이 남아 있었다. 1991년 6월 11일, 우리 가족은 부다페스트 공항에 내렸다. 옛 소련 지금의 러시아 군인이 군복과 총에서 반사되는 빛으로 번쩍거리며 서 있었고, 공항은 너무 작아 간이역 같았다.

우리 가족을 반갑게 맞이해 주는 사람이 있었는데, 바로 미국 선교사 데이비드였다. 그는 아빠가 소속된 헝가리 대학생 선교회의 책임자로 한국에서부터 편지를 주고받던 사람이다. 그는 키가 크고 금발머리에 파란 눈을 가졌는데, 우리를 포옹하며 이렇게 말했다.

"하이, 폴! 웰컴 투 헝가리"

아빠의 한국 이름은 영어로 발음하기 어려워서, 폴로 부르기로 했다. 나는 그 아저씨가 친근하게 느껴져서 다리를 붙잡고 장난을 쳤다. 한 손에는 우유병을 들고…. 나는 그때까지도 우유병의 고무꼭지를 입에 물고 다녔는데, 그건 내가 불안할 때마다 자주하는 버릇이었다.

데이비드는 우리를 자기 차에 태워 아파트로 데려다 줬는데, 운전할 때 일부러 말 달리듯이 딸가닥딸가닥 소리를 내며 차를 움찔움찔 몰았다. 나중에 그 집에 초대받아 가 보니 나보다 한 살 많은 아들 다니엘을 비롯해 세 자녀가 있었다. 좋은 아빠 같았다.

게다가 데이비드는 쉴 새 없이 이것저것 설명해 주었다.

"저기 보이는 강은 다뉴브 강인데 헝가리말로는 두나 강이고, 저건 체인 브리지인데 야경이 아름답고, 저곳은 왕이 살던 부다 성! 저 동상은 첫 번째 순교자인 겔레르트 선교사의 동상인데, 기독교를 포교하다가 산 채로 맥주통에 갇혀 다뉴브 강에 던져져 수장됐어."

미리 구해 놓은 우리 아파트에 도착하니 데이비드의 아내 카렌이 우리를 환영하는 의미에서 화병에 꽃을 꽂아 놓았다. 드디어 헝가리에서의 새 보금자리가 마련되었다.

헝가리가 동유럽 국가들 중에서 우리나라에 제일 먼저 개방의 문을 연 것은, 1988년 서울 올림픽 이후 1989년 2월이었다. 1989년 11월 9일 동독의 베를린 장벽이 무너지고 독일이 통일되기 전이었다. 소련 공산주의 치하에 있던 동유럽 국가들이 개방의 문을 열고자 눈치를 보고 있을 때, 헝가리가 우리나라에 제일 먼저 문을 연 것이다.

헝가리에는 한국 대사관이 세워지고, 한국 기업들이 들어왔다. 유학생들과 선교사들도 왔다. 헝가리 접경국인 오스트리아의 비엔나에서 한국 레스토랑을 운영하는 분이 부다페스트에도 한인 식당을 열었다. 또한 '부다페스트한인교회'도 생겼다. 어느덧 한인들이 200명 정도 되었다. 지금은 1천 명 정도의 한인들이 대사관 직원, 상사 주재원, 선교사, 사업가, 유학생으로 살아가고 있다.

우리 동네는 부다페스트의 23개 구역 중, 11구역에 있는 아파트 단지였다. 공산주의 때 지어진 조립식 서민 아파트들로 5층 건물에서부터 11층 건물까지 여러 개의 동이 있고 2만 명의 주민이 살고 있었다. 아파트 단지 안에는 큰 탁아소와 유치원이 각각 세 개, 초등학교(1-8학년)가 두 개, 인문계 고등학교인 짐나지움과 실업계 전문학교가 각각 하나씩 있었다. 이는 자녀들이 어린, 젊은 부모층이 이곳에 많이 살고 있다는 의미였다.

아파트 단지 내에는 방송국과 시민회관이 있었고, 우체국, 슈퍼마켓 그리고 각종 구멍가게가 곳곳에 있었다. 빵집, 식육점, 애완용 동물 가게, 중고품 옷을 무게로 재서 파는 상점도 있었다. 아파트 단지의 양쪽 언덕배기에는 가톨릭 성당과 개혁교회가 있었다.

우리 아파트는 3층에 있었는데, 헝가리에서는 2층이라고 했다. 1층은 펠신트(Földszint, 지상층)라고 부른다. 엘리베이터에도 0이나 F로 적혀 있었다. 크기는 십여 평이 될까? 거실, 조그만 방 두 개, 부엌, 세면실, 화장실이 있는데 곳곳에 붙박이장이 많이 있었고, 조그만 발코니가 붙어 있었다.

우리나라는 아파트 단지 안의 여러 동을 숫자로 나타내지만, 헝가리 아파트 단지는 동마다 거리 이름이 있었다. 그래서 우리집 주소는 '프랑크 헤지 웃자'(Frank hegy utca) 10번지 2층 13호였다.

9월이 되자 우리 가족은 새로운 환경에 좀 익숙해졌다. 부모님은 헝가리어 학교인 국립언어연수원에 다니기 시작했다. 나와 동생은 나이 차이 때문에 유치원과 탁아소에 따로 다녀야 했다. 그래서 우리는 철두철미 혼자 낯선 곳에 던져졌다.

하루는 유치원에서 보모가 교실에 있는 책상과 의자를 한 곳으로 다 모으게 했다. 큰 모자이크 그림을 그리기 위해서였다. 보모가 준비물을 가지러 간 사이, 나는 넓은 공간을 보니 태권도 생각이 났다. 한국인의 긍지인 태권도 시범을 한번 보여 주고 싶었다.

"얏! 이얏!"

일단차기, 이단차기를 하는데, 갑자기 불호령이 떨어졌다.

"꼬레아이! 너 뭐해?"

교실로 돌아온 보모가 눈을 부릅뜨며 내게 무척 화를 냈다.

"꼬레아이 태권도!"

"쉿! 조용히 해!"

호기심으로 바라보던 헝가리 아이들도 모두 기가 죽었다. 공산주의 사회의 권위주의란, 정말 다른 문화에 대한 융통성이 조금도 없었다. 한국에서 온 지 얼마 안 된 아이를 무참히 제압한 뒤, 보모는 당장 나를 끌고 지하로 내려가 식당 옆 조그만 창고에 밀어 넣었다. 찰칵! 문을 잠그고 떠나는 보모의 발자국 소리가 멀어져 갔다. 독방에 갇히는 벌이었다.

"엄마! 엄마!"

아주 좁고 어두컴컴한 곳에 나 혼자 버려지니 너무 무서웠다. 나는 겁에 질려 엉엉 소리치며 문을 막 두드렸지만 아무도 문을 열어 주지 않았다. 뒤돌아보니 조그만 책상이 하나 놓여 있었고 감자 꾸러미들이 쌓여 있었다. 울다 지친 나는 감자 꾸러미 위에 앉아 고개를 책상 위에 엎드린 채 웅얼대다 잠이 들었다.

"할머니이~ 나 한국 데려가 줘… 할머니이…."

"아들아! 엄마야, 엄마! 자면서도 흐느끼네. 세상에 이럴 수가…."

'아! 드디어 엄마가 날 데리러 왔구나!' 나는 와락 엄마 품에 안겨 더욱 서럽게 꺼억꺼억 울었다. 엄마도 이제 배우기 시작한 헝가리 말로 항의도 못하고 분통을 삼켜야 했다. 나를 달래주는 엄마와 함께, 동생을 데리러 탁아소에 가니 동생도 무슨 일이 있었는지 나처럼 책상 위에 머리를 괸 채 흐느끼고 있었다.

헝가리에 온 지 반 년이 지난 1992년 1월에, 부모님과 함께 '동유럽 선교사 컨퍼런스'에 갔다. 체코슬로바키아의 수도 프라하에서 개최되어, 우리 가족은 미국 선교사 가족과 함께 8시간 동안 기차를 타고 갔다. 1993년에 체코슬로바키아는 체코와 슬로바키아 둘로 나누어졌다.

그 당시 동유럽 18개국에서 1천 명가량 모였는데 우리 가족만 빼고 모두 백인이었다. 수련회 기간 동안 어린이 컨퍼런스도 열렸다. 성경 퀴즈 시간도 있었는데, 퀴즈를 맞히는 어린이에게 상을 준다고 했다. 영어로 진행되는 거라서 각국 통역자가 대부분 있었는데, 한국인 통역자는 없어서 나와 동생은 알아들을 수가 없었다. 수줍음 많은 동생은 내 꽁무니만 졸졸 따라다녔고, 나는 상을 받고 싶어서 무조건 손을 들었다.

그러나 막상 선생님이 기회를 주면 나는 무슨 말인지 몰라서 한국말이나, 아니면 조금 배운 헝가리 말로 대답할 뿐이었다. 그러다 보니 상을 받는 것은 불가능했다. 영어를 모르는 나를 선생님들은 더 이상 시키지 않았지만, 나는 줄기차게 팔을 흔들어 댔다. 우리가 어떻게 지내나 궁금해서 온 엄마가 그런 우리 모습을 보고 우리 손을 잡아 끌었다.

"가자! 얼른!"

화가 난 듯 슬픈 듯 엄마는 우리 둘을 양 손에 잡고 거의 강제로 밖으로 끌고 나왔다. 넓은 운동장에는 동구의 추운 시베리아 바람이 쌩쌩 불고 있었다. 아무도 없는 그곳에 우리를 데리고 온 후, 엄마는 가지만 앙상한 나무 앞에 서서 엉엉 울었다. 마치 내가 헝가리 유치원에서 태권도 시범을 보이려다 보모에게 벌을 받아 감자 창고에 갇혀 엉엉 울었던 것처럼 서럽게 말이다. 알고 보니 엄마도 세미나를 듣던 중 영어가 잘 안 들려서 종이 위에 낙서를 하다가, 우리가 측은한 생각이 들어서 와 봤던 것이다.

컨퍼런스를 마치고 부다페스트로 돌아온 후 부모님은 나를 GGCA (Great Grace Christian Academy) 영어학교에 보냈다. 그때는 유치원부터 초등학교까지만 있었고, 전체 학생 수가 서른 명 정도였기에, 한 교실에 두 학년이 함께 수업하기도 했다. 지금은 GGIS(Great Grace International School)로 이름이 바뀌었고, 유치원에서 고등학교(12학년)까지 있다.

우리 선생님은 예쁘고 젊은 네덜란드인 선교사였는데, 수업을 재미있게 했다. 나는 학교 다니는 것이 즐거웠다. 특히 제일 좋았던 수업은 채플 시간이었다. 전 학생들이 모여 가스펠 송을 부르는데, 누구나 어떤 악기라도 동원해서 자유롭게 노래할 수 있었다. 아이들은 책상에 올라가거나, 발을 구르거나, 책상을 손바닥으로 치면서 박자를 맞추었다. 피아노, 바이올린, 기타를 연주하며 제멋대로 노래했다. 그래도 신기하게 질서정연하고 아름다운 하모니를 이루었다.

학교가 산 속에 있어서 학생들은 스쿨버스를 타고 전철역까지 갔다. 한번은 내가 여느 때처럼 스쿨버스에서 내려 우리 집까지 오는 버스로 갈아탔는데, 그만 버스 안에서 잠이 들어버렸다. 버스가 종점을 몇 번이나 왔다 갔다 했지만, 나는 버스 의자에 푹 파묻혀 곯아떨어졌다.

엄마는 어두워졌는데 내가 안 오니까 걱정이 돼서 여기저기 전화를 하며 발을 동동 굴렸다고 한다. 얼마나 불안했을까? 내가 눈을 떴을 때는 버스에 불이 켜져 있었고 사람들은 무관심했다. 차창 밖을 보려니 까만 창문에 버스 내부와 내 얼굴이 비쳤다.

'여기가 어디야?'

겨우 정신을 차려 우리 집 앞 정류장에서 내렸다. 엄마가 기다리고 있었다. 엄마는 활짝 웃으며 달려와 나를 꼭 껴안고 얼굴을 비볐다. 버스가 떠나자 잠시 밝았던 정류장이 다시 어두워졌다. 나는 엄마 손을 꼭 붙잡고 집집마다 희미한 불이 켜져 있는 아파트 단지로 걸어갔다. 헝가리 사람들은 이상하게도 형광등을 많이 쓰지 않고 갓을 씌운 백열등을 많이 사용해서 전체적으로 분위기가 어두웠다.

드디어 내게 친구가 생겼다. 학교에서 환이 형을 알게 된 것이다.

"애! 너, 나보고 형이라고 해! 난 한국에서는 너보다 한 학년 높아. 왜냐하면 난 1월생이거든."

생일이 나보다 고작 4개월 빠르고 몸집도 나보다 훨씬 작았지만, 나는 카리스마 넘치는 환이 형이 참 좋았다. 형네 집에는 조그만 붙박이장 사격장이 있었는데, 우리는 거기서 함께 사격놀이를 했다. 진짜처럼 생긴 가짜 총으로…. 그리고 콩알만한 하얀 총알을 가득 담은 통을 들고 온 집안을 쏘다니면서 총을 쐈다. 그 바람에 총알이 여기저기 흩어져 발에 밟혔다. 이런 모습을 보고 나이 차이가 많이 나는 형의 누나들이 나를 무척 싫어했다. 하지만 형의 부모님은 나를 좋아했다. 형과 나를 함께 데리고 다니셨고, 나는 그 집에서 잠도 잤다. 내가 형네 집에서 놀았던 얘기를 늘어놓자, 엄마가 말했다.

"환이 아빠는 한국 대사관의 무관님이셔."

"흠! 그래서 형이 자기 아빠 군복을 자랑스럽게 보여 줬구나! 금메달 같은 훈장이 엄청 많이 달려 있었어. 정말 멋져!"

나중에 내가 미국으로 떠날 때, 형은 선물로 내가 그렇게 갖고 싶어 하던 장난감총과 총알이 가득 든 총알통 두 개를 줬다. 한편 형은 우리 집을 좋아했다. 겨울에는 아파트 단지가 온통 썰매장으로 변했기 때문이다. 우리는 산코라는 썰매를 타기도 했고 아니면, 골판지를 엉덩이에 대고 미끄럼을 타기도 했다. 속옷까지 흠뻑 젖도록 눈 위에서 뒹굴곤 했다.

형한테는 외할아버지가 있었다. 한국에 있는 고등학교 교장 선생님이었는데, 정년퇴직 후 헝가리에 와서 부다페스트 한인학교 교장 선생님을 맡고 계셨다. 그분은 우리에게 한문도 가르쳐 주셨는데, 형은 자기 할아버지한테 혼나지 않으려고 한자 공부를 아주 열심히 했다.

그런데 어느 날, 슬픈 일이 생겼다. 형의 할아버지께서 갑자기 탈장 현상이 일어나, 헝가리 병원에서 수술을 받다가 돌아가신 것이다. 한인 사회에 큰 충격이었다. 참 훌륭한 분이셨는데…. 나는 한동안 형네 집에 놀러갈 수 없었다.

시간이 한참 지난 후, 엄마는 나를 데리고 꽃집에 들러 하얀 백합화를 사서 형 집에 조문을 갔다. 그날 형과 나는 놀지도 못하고 얌전히 있다가 서로 얼굴만 마주보고 씨익 웃다가 돌아왔다.

그 후 엄마가 환이 형의 할아버지 대신 한인학교의 한자 선생님이 되었다. 원래 엄마는 한국에서 국어 선생님이었지만, 한문을 가르친 적이 있었다. 한인학교 종업식 때는 대사님 내외분과 학부형들이 참석했다. 대사님의 격려사에 이어 우리의 학예 발표회가 있었다. 시도 외우고, 합창도 했다.

지휘를 한 음악 선생님은 헝가리의 유명한 코다이 음악원에서 공부를 마친 뒤, 리스트 아카데미에서 오페라를 전공하셨다. 우리는 먼 이국에서, '고향의 봄'을 먼저 불렀다.

"나의 살던 고향은 꽃피는 산골, 복숭아꽃 살구꽃 아기 진달래.
울긋불긋 꽃동네 차린 동네, 그곳에서 놀던 때가 그립습니다."

또 우리가 살고 있는 유럽의 자랑, 알프스 산의 영원한 꽃을 노래한
'에델바이스'도 불렀다.

"에델바이스, 에델바이스, 아침마다 너는 나를 반기네.
작고 희며, 깨끗하고 눈부셔라. 날 만나 행복해 보이는 너, 눈의 꽃.
영원히 피고 자라나도록
에델바이스, 에델바이스, 내 조국을 영원히 축복하여라."

이렇게 나는 초등학교 2학년까지 GGCA 학교를 가면서 토요일에는
한인학교를 다녔다. 내 동생은 GGCA 학비가 비싸서 헝가리 탁아소에
이어 헝가리 유치원에 다녔고, 한인학교는 나이가 어려서 못 갔다. 헝가
리가 자유주의 국가인 것처럼 보이지만, 여전히 사회주의로 특히 관공
서나 학교는 무척 권위주의적이었다.

동생은 말수가 적고 착해서 탁아소와 유치원 생활을 잘 견뎌 냈지만,
자주 흐느끼며 울었다. 오수시간에 다른 아이들이 침대에서 자면, 동생
은 엄마가 데리러 올 때까지 기다리다가 책상에 팔을 괸 채 실포시 잠들
곤 했다. 엄마가 오면 언제나 준비된 자세로 얼른 일어나 따라 나오곤
했다.

엄마는 우리에게 구연동화를 많이 들려주었는데, 그중에 헝가리 고
슴도치 동화도 있었다. 헝가리에는 고슴도치가 많아서 길거리에서도 종

종 볼 수 있으니, 이야기 속에서 친근한 소재로 많이 사용되는 거 같다.

"고슴도치는 몸에 가시가 많아서 누구나 싫어했대요. 친구가 없는 고슴도치는 낮에는 땅속에 외롭게 숨어 있다가 밤이 되면 살그머니 나와서 엉금엉금 기어 다니며 지렁이나 달팽이를 잡아먹었어요. 아무도 날 좋아하지 않아! 고슴도치가 중얼거렸어요.

어느덧 날씨가 쌀쌀해지면서 나뭇잎이 하나둘 떨어지기 시작했어요. 아! 가을이구나! 점점 세찬 바람이 불어 낙엽이 우수수 떨어졌어요. 그러자 고슴도치의 뾰족 솟아나 있는 가시 위에 낙엽이 수북이 쌓였어요. 그때였어요. 아! 따뜻해! 나를 따뜻하게 감싸 주네. 난 이제 외롭지 않아. 고슴도치는 비로소 자신이 외롭지 않다는 것을 깨닫게 되었어요."

또 엄마는 우리의 취약한 겨드랑이를 간질거리며 우리에게 동요를 불러 주었다.

"퐁당퐁당 돌을 던져라. 누나 몰래 돌을 던져라.
냇물아 퍼져라 멀리멀리 퍼져라. 건너편에 앉아서 나물을 씻는,
우리 누나 손등을 간질어 주어라."

엄마가 들려준 동화와 동요는, 우리에게 외로워하지 말고 넓은 세상으로 나가라는 뜻이었을 것이다.

그날은 토요일이었다. 눈이 와서 길이 질척거렸다. 나와 동생은 집

안에서 놀았다. 크리스마스가 다가오고 있어서 아빠와 엄마는 카드를 만들었고, 우리는 거실에서 화장실까지 달리기 대회를 했다. 동생이 뛸 차례였다. 그런데 동생이 좁은 복도에서 뛰다가 그만 벽에 부딪히면서 길쭉한 거울을 건드렸다. 그때, 벽에 걸려 있던 길쭉한 거울이 충격을 받아 바닥에 툭 떨어지면서 동생의 머리 위로 비스듬히 떨어졌다.

"피! 엄마, 피!"

"뭐? 어디, 어디, 어디?"

"성훈이 머리…."

"뭐?"

엄마는 손을 떨며 동생에게 옷을 입혔다. 그 사이 아빠는 우리 집 가까이 사시는 목사님께 전화를 걸어 이 상황을 말씀드렸다. 급히 달려온 목사님의 차를 타고 우리 가족은 병원으로 갔다. 국립병원이었지만 주말이라 사람도 별로 없었고, 건물은 오래되어 을씨년스럽고 낡아 보였다. 동생을 응급실로 데려갔는데, 아무도 따라 들어올 수 없다고 했다. 한참이 지나서야 동생이 하얀 그물 붕대를 머리에 싸매고 씨익 웃으면서 나타났다.

"엄마! 나, 안 울었어."

"마취도 하지 않고 다섯 바늘을 꿰맸는데, 애가 울지 않았어요."

의사 선생님도 동생을 칭찬해 주셨다. 병원비를 물으니까, 헝가리가 전에 공산주의 국가일 때 북한과 형제 국가였기 때문에 응급처지에 대한 의료협정이 맺어 있다고 했다. 그래서 치료비는 안 받는다고 했다. 우리가 남한 사람이라고 해도 남북이 통일되기를 바라는 마음에 받지 않는다고 했다.

엄마는 수고해 주신 의사 선생님께 감사의 마음을 전했다.

그 후, 엄마는 중고품 가게에 가서 동생에게 세발자전거를 사 주었다. 나에게는 아빠 친구가 이사를 가면서 주고 간 어린이용 두발자전거가 있었다.

그날은 날씨가 좀 따뜻해서 자전거를 타기에 좋았다.

"따르릉 따르릉 비켜나세요~ 자전거가 나갑니다~ 따르르릉~

저기 가는 저 노인, 우물쭈물하다가는 큰일 납니다."

노래를 부르며 신나게 달리는데, 경사진 길이 나오자 그만 가속도가 붙었다. 나는 익숙하게 탔는데, 동생은 브레이크를 잘못 걸어 그만 쇠기둥에 부딪혔다. 동생의 옷이 찢어지면서 배 밑에 피가 났다. 이번에는 엄마가 동생을 야단쳤다. 조심성이 없다고…. 택시를 타고 또 그 병원에 가서 동생은 세 바늘을 꿰맸다.

그곳에서 헝가리 친구를 사귀는 일은 쉽지 않았다. 피부색, 언어, 관습이 너무 달랐으니까. 나는 가까스로 늉이라고 부르는 친구가 생겨 몇 번 그 집에 놀러 갔는데, 그 오빠가 나를 싫어해서 못 오게 했다. 헝가리인들은 개를 좋아해서 개와 산책하는 사람들끼리 친구가 되는 경우가 많았다. 우리는 아파트라서 개를 기르는 것이 쉽지 않아, 대신 토끼를 샀다. 토끼를 놀이터로 데려가면 아이들은 서로 안아보고 싶어서 모여들었다. 그렇게 사귄 친구의 이름은 아그네스였고, 우리 아파트 5층에 살았다.

아이들끼리 친구가 되면 또 엄마들끼리 친구가 되었다. 한번은 아그네스 집에 놀러 갔더니, 아그네스 어머니가 우리 엄마에게 갖다 주라면서 체리를 한바구니 주셨다.

"햐! 한국에서 앵두와 버찌 먹던 추억은 있는데, 체리는 처음이네?"

검붉은 체리는 알이 굵고 과즙도 풍부해서, 엄마는 감탄을 연발했다.

"헝가리 체리, 최고야, 최고!"

헝가리 아파트나 집은 부엌 싱크대나 조리대 옆에 창문이 나 있다. 일하다가 피곤하면 창문을 통해 하늘을 볼 수 있었고 그날의 날씨가 어떤지도 알 수 있었다. 어느 날 아침 일찍 엄마가 밥을 하다가 부엌 창문 너머로 놀이터에 앉아 있는 한 집시가족을 보았다. 집시 아주머니는 무거워 보이는 보따리를 옆에 끼고 어린아이들 네 명과 함께 있었다.

헝가리는 우리나라 남한만한 땅에 인구가 천만 명 정도인데, 그중 10퍼센트가 집시라고 한다. 집시족은 원래 인도에서 발생한 유랑민족으로 체구가 작고 까만 머리에 황갈색 피부를 가졌다. 국가 정책상 집시 거주지를 따로 정해 주지만, 교육열이 낮고 일찍부터 자녀를 많이 낳아, 가난해서 떠돌아다니는 방랑객이 많다.

유대계 헝가리인도 이스라엘을 본향에 둔 디아스포라(타국에 거주하는 유대인)로 소수민족이다. 2차 세계대전 때는 헝가리 정부가 30만 명의 유대계 헝가리인을 독일에게 내어 줘 아우슈비츠 수용소로 보냈다. 하지만 헝가리는 현재까지 14명이 노벨상을 받았는데, 그중 상당수가 유대계 헝가리인이다. 2002년 소설 『운명』으로 노벨문학상을 받은 임레 케르테스도 그렇다.

부엌 창문 밖으로 집시가족을 본 엄마는 놀이터로 가서 그들을 우리 집으로 데려왔다. 그리고 아이들을 차례로 목욕시켜 깨끗한 옷으로 갈아입히고, 샌드위치를 만들어 나눠 주면서 옷가지도 조금 챙겨 줬다. 우리는 헤어지면서 뿌시뿌시를 했는데, 그것은 가까운 사람끼리 서로 포옹하면서 양 뺨에 뽀뽀를 하는 것이다. 한 아이가 떠나면서 자기 손에 들고 있던 장난감을 내게 주었다.

"외국에서는 생명 다음에 중요한 것이 아이디(ID)야. 그러니까 아이디는 꼭 챙겨야 해."

이것은 엄마가 늘 강조하는 말이었다. 외국에서는 여권이나 거주증, 운전면허증 같은 아이디가 없으면 꼼짝할 수 없고 결국 추방당하게 된다. 그런데 아빠가 지갑을 잃어버렸다. 걱정이 태산 같았다. 그 안에 거주증이 들어 있는데 말이다. 그걸 다시 만들려면 많은 절차를 거쳐야 했고 이민국을 몇 번이나 가서 지루하게 기다려야만 했다. 엄마가 말했다.

"여보! 잘 생각해 봐요. 제일 나중에 지갑을 사용한 게 언제죠?"

"그걸 기억하면 내가 찾지."

집 안에는 아무리 찾아도 없었다. 그날 밤 우리 집에 누가 찾아왔다. 벨소리가 나서 문을 열어 보니, 경찰이었다. 시꺼먼 개를 데리고 왔는데, 그가 내민 손에는 아빠의 지갑이 들려 있었다.

"정말 감사합니다!"

"내가 아니라, 이 개가 발견했습니다."

경찰 아저씨는 오후 근무라서 아침에 개를 데리고 산책을 했는데 개가 뭘 물어 오기에 자세히 보니까 지갑이었다고 한다. 그래서 그 안에 있는 거주증을 보고 낮에 우리 집에 왔었던 것이다. 그런데 집에 아무도 없어서 근무를 마치고 밤에 다시 온 것이었다.

"아하! 아침에 토끼풀 뜯으러 언덕에 갔었는데 거기서 떨어졌구나!"

잃어버렸다 찾은 아빠의 아이디. 헝가리 경찰 아저씨로 인해 우리는 헝가리 경찰에 대한 선입견이 바뀌었다. 그때는 경찰들이 웃돈을 바라거나 부정부패를 많이 해서 경찰에 대한 이미지가 좋지 않았던 시절이었다.

우리는 토끼를 더 이상 키울 수 없어서 아파트 관리인에게 줬다.

헝가리 어린이들은 어떻게 놀까? 우리 가족은 주말이 되면 동물원, 어린이공원, 서커스 공연장, 박물관, 수영장이 있는 온천장에 갔다. 모든 시설이 시민공원 옆에 모여 있었다. 그리고 호두까기 인형 같은 오페라를 보러 오페라 하우스에 가기도 했다. 헝가리 어린이들은 부모나 학교 선생님들의 통제 아래 질서정연하게 놀거나 관람했다.

어린이공원은 놀이기구을 나무로 만들어서 얼마나 삐거덕거리던지 타다가 부러질까 봐 겁이 날 정도였다. 서커스는 유랑단처럼 돌아다니면서 공연하는 것이 아니라 상설극장 같았다. 일 년 내내 프로그램을 바꿔 가면서 일정 기간씩 공연했다. 유명한 러시아 아이스 서커스, 동물 곡예, 북한 사람들의 체조 서커스 등을 볼 수 있었다. 샤갈은 서커스를 보며 많은 영감을 얻어 그림을 그렸다고 하는데, 나도 어릴 때 헝가리에서 본 서커스가 정말 경이와 환호로 남아 있다.

헝가리에서 온천은 유명하다. 나는 온천을 별로 좋아하지 않지만 동생은 그곳에 수영장이 있어서 좋아하는 편이었다. 한번은 엄마의 독촉에 못 이겨 억지로 따라간 적이 있는데, 차에서 내리자마자 엄마가 다급히 말했다.

"아차! 돈도, 수영복도, 하나도 안 가져왔네."

우리를 데려가는 것에만 신경 쓴 엄마와, 엄마만 믿었던 아빠. 우리 가족은 할 수 없이 차를 타고 도로 집으로 돌아와야만 했다.

외할아버지와 외할머니께서 헝가리 우리 집에 오셨다. 칠순을 맞아 외가 쪽 가족들이 돈을 모아 헝가리로 여행을 보내드린 것이었다. 외할아버지와 외할머니의 여독을 풀어 드리기 위해 우리 가족은 헝가리의 유명한 세체니 온천에 갔다.

헝가리는 바다와 산이 없는 대신 동유럽에서 가장 큰 발라톤 호수가 있고, 온천이 많은 평지 국가다. 호수 전체가 온천인 히비즈는 치유 온천으로 유명한데, 깊이가 30미터나 돼 튜브를 타고 온천을 한다. 주변에는 연꽃이 많이 피어 있어 아름답다.

또 유럽에서 두 번째로 큰 종유굴이 있는 미스콜츠라는 도시에는 신기한 자연 동굴 온천이 있다. 겨울에는 눈을, 봄·여름·가을에는 비를 맞으면서 노천 온천을 즐길 수 있다. 한쪽에서는 할아버지들이 삼삼오오 모여 물에 몸을 담그고 팔을 돌상에 괸 채 체스를 즐긴다.

엄마는 차츰 외할아버지와 외할머니가 스스로 온천을 다니실 수 있도록 온천 가는 법을 가르쳐 드렸다. 외할아버지는 남자만 가는 루다쉬 온천에, 외할머니는 겔레르트 호텔의 여성 전용 온천에 가셨다. 집에 올 때는 두 분이 서로 약속시간에 만나 버스를 함께 타고 오셨다.

그런데 한번은 두 분이 서로 길이 어긋났다. 외할아버지께서는 두 온천 사이에 있는 다뉴브 강변도로를 수차례 왔다 갔다 하셨다. 다행히 외할머니 수중에 동전 몇 개가 있어서, 공중전화로 집에 전화를 하셨다. 엄마가 달려가 두 분을 모시고 왔다. 그때는 휴대전화가 나오기 전이었고, 우리 집에 승용차가 없던 때였다.

두 분은, 방부제를 넣지 않는 헝가리 빵이 싸고 맛있다며 엄마 일손도 줄일 겸 빵을 사러 마켓을 다녀오시곤 했다. 헝가리 세면실 바닥에는 물이 내려가는 곳이 없는데 한국처럼 생각했다가 아랫집까지 물이 샌 적이 있었다. 두 분은 우리 아파트 도배를 새로 해 주느라 입술이 다 부르트셨다.

아빠가 외할아버지와 외할머니를 모시고 서유럽 여행을 갔다. 그땐 아빠도 첫 여행이라 익숙하지 못했다. 미리 숙소를 예약해 놓든지, 아니면 도착하자마자 숙소부터 구해 놓아야 했는데, 실컷 구경 먼저 한 후 숙소를 찾으니 방이 있을 리 없었다. 이른 살 외할아버지와 예순셋 외할머니, 그리고 인솔자 아빠는 할 수 없이 삼 일을 노숙할 수밖에 없었다.

더구나 너무 목이 말라 가게에서 콜라 한 병을 사려다가 가방을 도둑맞았다. 왕복 기차표까지 없어졌는데, 돈을 빌려서 이등열차를 타고 하루 걸려 집으로 돌아왔다. 아는 사람 하나 없는 그곳에서 어떻게 돈을 빌릴 수 있었을까?

이 상황에서 용기를 낸 분은 바로 외할머니였다. 가방을 도둑맞기 전 아빠는 광장에서 한 프랑스 젊은이를 전도했는데, 가방을 도둑맞고 다급해진 외할머니가 그 젊은이에게 한국말과 바디랭귀지로 도와달라고 한 것이다. 이러한 상황에서 아빠는 할 수 없이 그 젊은이에게 할머니 대신 영어로 기차표 값 500프랑을 빌린 것이다.

외할아버지께는 놀라실까 봐 돈 빌린 사실을 알리지 않았는데, 집에 와서 그 사실을 털어놓으니 그렇게 고마운 사람이 있냐며 눈물을 흘리셨다. 아빠는 헝가리에 돌아와서, 생면부지의 사람에게 돈을 빌려 준 그 사람이 고마워 600프랑을 보내 주었고, 그 후 크리스마스 때에도 서로 카드를 주고받았다.

헝가리에 온 지 삼 년이 되는 해 봄이었다. 우리 집은 또 분주해지기 시작했다. 집안을 정리하면서 필요 없는 물건들은 버리거나 다른 사람에게 주었고, 중요한 것만 박스에 포장했다. 엄마는 이삿짐을 줄이기 위해, 아빠의 대학 졸업 기념패와 본인이 받은 문학상패들의 두터운 나무마저 떼어 내고 동판만 실었다.

우리 가족은 1994년 3월 29일 미국으로 떠났다. 아빠의 신학대학원 진학을 위해…. 미국 학생 비자는 부다페스트에 있는 미국대사관에 가서 3년을 요청했는데 학업을 마치려면 시간이 더 걸릴 수 있다며 5년짜리로 해 주었다. 학생 비자를 받기 위한 모든 과정은 아빠가 소속된 선교단체의 행정 담당 미국선교사인 테리가 일일이 도와주었다. 아빠가 갈 신학교와 우리가 살 아파트까지 다 알아봐 주었다.

나는 환이 형과 헤어지는 것이 제일 슬펐다. 나는 형이 준 장난감 총과 총알통 두 개를 손에 꼭 쥐고 미국행 비행기에 올랐다. 한국을 떠나올 때 손에 꼭 쥐고 있었던 고무젖꼭지가 달린 우유병처럼.

3. 미국에서, 닭똥 같은 눈물을 흘리다
1) 천사들의 도시, 로스앤젤레스
미국 캘리포니아로 가는 길에 부모님은 친구를 잠깐 만나야 한다며 뉴욕에서 먼저 내리자고 했다. 비행기에서 내리면서 엄마는 이렇게 말했다.

"오늘은 내 생일이구나~ 하나님이 나에게 주신 선물은 바로 시간이
란다!"

시차 관계로 하루가 서른두 시간으로 늘어났다. 공항에는 아빠 친구
가 마중을 나와 계셨다. 그분은 공인회계사셨다. 아저씨의 차를 타고 데
이즈인에 가서 짐을 내려놓고, 바로 그분 댁으로 갔다. 아저씨 집에는
며칠 전에 둘째 아이가 태어나서 아이의 외할머니도 한국에서 와 계셨
다. 훗날 그 아기가 중학생이 되었을 때, 그 가족은 헝가리에 있는 우리
집에 오게 된다.

그 당시 아저씨 집은 연립주택 2층이었는데, 아랫집에 피해를 줄까
봐 모든 것이 조심스러웠다. 아저씨가 비디오를 틀어 주셨는데, "프리
윌리"였다. 마이클 잭슨의 노래와 춤을 본 것이 그때가 처음이었다.

다음날 아침 일찍 아저씨가 우리를 픽업해서 관광버스 타는 곳으로
데려다 주셨다. 그리고 감사하게도 우리 가족의 모든 관광비용을 지불
해 주셨다. 102층 엠파이어 스테이트 빌딩에도 가 보았고, 배를 타고 자
유의 상이 있는 섬도 가 보았다.

"그 성조기 앞에 서 봐! 미국에 온 기념으로"

아빠는 미국 국기를 배경으로 사진을 찍어 주셨다.

삼 일 후, 우리 가족은 다시 비행기를 타고 로스앤젤레스로 갔다. 아
빠 제자가 공항에 나와 있었다.

"디모데! 많이 컸구나."

우리가 도착한 곳은 LA 대학생 선교회 센터였다. 그곳의 책임자이

신 목사님께서 우리를 환영해 주셨다. 우리는 그곳에서 하루를 묵었다. 그리고 다음날 바로 목적지인 샌버나디노로 갔다. 아빠가 다닐 신학교가 그곳에 있었기 때문이었다.

우리 가족은 샌버나디노에서 새로운 삶을 시작했다. 우리 집은 3층 짜리 길쭉한 연립주택 2층이었다. 지진 때문에 나무로 지은 판잣집이었다. 그곳은 주립대학 근처라서, 아시아계 유학생, 히스패닉, 흑인, 인디언, 그리고 복지 해택을 받는 가난한 백인들이 사는 그야말로 인종의 용광로 같은 곳이었다. 우리는, 멋모르고 콩넝쿨을 타고 거인의 집에 올라온 잭처럼, 조심스러웠다.

아는 사람 한 명 없는 그곳에서 우리 가속이 정착하기까지는 정말 힘이 들었다. 특히 미국에서는 발이라고 하는 차가 없으니 더했다. 학교를 가려면 서류를 떼러 관공서에 가야 했는데, 차가 없으니 버스를 타야 했다. 그때는 차가 오는 시간에 맞춰 나가야 하는 줄을 모르고, 밖에서 1시간 넘게 버스를 기다린 적도 있었다. 학교, 보건소, 우체국, 은행, 마켓 뭐 하나 쉽게 갈 수 있는 곳이 없었다.

부모님은 캘리포니아 운전면허증을 딴 뒤 폰티악 중고차를 구입했다. 차가 있으니 이제 모든 일이 하나하나 해결되었다. 아빠는 샌버나디노 주립대학 영어코스에 등록했고, 나는 뉴마크 초등학교에 들어갔다. 미국 학교는 보통 8월 말에 시작해서, 다음 해 6월 초에 마치니까, 부모님은 나를 하루라도 빨리 학교에 보내려고 애썼다. 여름방학이 코앞에 다가와 있었기 때문이었다.

나는 헝가리 GGCA에서 2학년을 다니다가 와서 바로 편입할 수 있었지만, 동생은 11월생이라 연령 미달로 초등학교에 들어갈 수 없었다.

엄마는 동생이 헝가리 유치원을 다녀서 영어를 전혀 모르니까, 우리 학교 자원봉사자 할아버지에게 부탁해서 영어를 배우게 했다.

"나, 오늘 할아버지 집에서 토마토 먹었다."

동생은 할아버지 집에 다녀온 날은 늘 뭘 먹은 자랑을 했다. 교과서적인 것보다 실제적인 생활을 통해 영어를 배우는 것 같았다. 내게 친구가 생겼는데, 이름은 데니였다. 한번은 자기 집에 놀러가자고 해서 가 봤더니 세상에 백인도 그렇게 가난하게 살 수 있구나 싶었다. 폐허 같은 집에 방바닥은 나무나 카펫은커녕 그냥 반들반들해진 흙인데다 울퉁불퉁했다.

데니는 학교만 끝나면 마켓의 카터를 끌고 와서 알루미늄 병을 모으러 쓰레기통을 뒤지며 다녔다. 가슴 아픈 것은, 그의 증조할머니가 한국 사람이었다는 것이다.

우리가 미국에 온 지 두 달쯤 지났을 때, 사건이 터졌다. 그날은 여름 방학 종업식이 있는 날로, 아이스크림을 파는 행사가 있었다. 학부형들도 많이 와서 북적거렸다. 나는 데니와 함께 아이스크림을 사 먹고 있었는데, 흑인 애들이 와서 데니를 자꾸 놀리며 툭툭 쳤다.

"너도, 오늘은 사 먹는 거니? 알루미늄 병 팔아 얼마 벌었어?"

나는 데니가 당하는 것을 참고만 있을 수 없어서 애들 발을 확 걸었다. 그랬더니 애들이 우르르 넘어졌다. 그때 싸움을 건 아이의 엄마가 소리쳤다.

"때려!"

일시에 흑인 아이 다섯 명이 몰려들어 나를 눕혀 놓고 몰매를 때렸다. 무수히 날아드는 그들의 발길질에 나는 눈을 질끈 감고 머리를 감싸며 몸을 웅크렸다. 헝가리 유치원에서 좁은 창고에 나홀로 감금당했던 그 무서운 기억이 나를 엄습해 왔다. 나는 마음속으로 계속 외쳤다.

'할머니! 나 좀 도와줘!'

그중에는 우리 엄마가 늘 차를 태워 줬던, 우리 아파트에 사는 에릭도 있었다. 데니 엄마의 연락을 받고 달려온 엄마는 아무 말도 하지 못했다. 속으로만 벼르는지…. 그날 밤 나는 코피를 쏟았고 자다가 가위에 눌려 진땀을 흘렸다. 다음날 엄마는 LA에 올라가, 한인 서점에서 『흑인, 그들은 누구인가』라는 책을 사와 단숨에 읽었다. 며칠 후 엄마는 기다렸다는 듯, 에릭 엄마가 셋째 아들을 낳았을 때 그 집을 방문했다. 축하 풍선과 선물을 사 가지고…. 미운 사람에게 떡 하나 더 준다는 전술인가? 그리고 엄마는 나와 동생을 태권도 도장에 데려가 등록시켰다. 태권도 학원비가 비쌌지만….

우리 동네에는 농아가 한 명 있었는데, 그 아이를 위해 도로에 멈춤 표시판이 세워져 있다. 한 명의 생명을 귀중히 여기듯, 엄마도 늘 세 가지를 위해 기도했다.

"생명과, 건강과, 안전을 지켜 주소서!"

7월부터 아빠와 엄마가 국제신학대학원을 다니기 시작했다. 여름 인텐시브 과정이 시작된 것이다. 아빠는 신학을, 엄마는 상담학을 공부했다. 석 달 분량을 두 주에 걸쳐 영어로 집중 수업하니까, 우리 부모님께는 무리였다.

아빠가 신청한 과목은 바울서신이었는데, 성경의 66권 중 13권을 다 읽고 숙제를 해 가야 하는 수업이었다. 방대한 분량이었다. 이것은 영어

권 사람에게도 힘든 것이었다. 그런데다 주립대학 영어 프로그램이 개강을 해서, 아빠는 다음 단계에 올라가야 했다.

결국 아빠는 스트레스로 면역이 약해져 병에 걸리고 말았다. 눈썹 위에 조그만 뾰루지가 나더니 점점 커지는 것이었다. 부어오른 얼굴은 형태를 알아볼 수 없는 지경이 되었다. 그 당시 뉴스에서는 샌버나디노 지역에서 피부 박테리아에 감염되어 죽은 사람과, 얼굴 모양이 삐뚤어지거나 옆구리 한 쪽이 푹 패인 사진을 보여 주기도 했다.

엄마는 아빠를 차에 태워 로마린다 병원 응급실로 달려갔다. 우선 간단히 진료를 봐 준 의사가, 바이러스 감염이라고 했다. 뇌에 바이러스가 감염되면 죽거나 바보가 되고, 눈에 퍼지면 보지 못하고, 귀로 가면 듣지 못한다고 했다. 감염 원인은 독거미인지, 어떤 이물질인지는 모른다고 했다.

아빠에게 의료보험이 없어서인지 새벽 두 시가 돼도 입원시켜 주지 않았다. 나와 동생이 로비에서 졸자, 의사가 엄마에게 아빠를 놔 두고 집에 가라고 했다. 할 수 없이 집에 돌아온 우리는 날이 밝자마자 병원으로 달려갔다. 아빠는 세 개의 주사 바늘을 손등과 팔에 꽂고 있었고, 뇌 촬영, 안구, 귀 등 모든 종류의 검사를 받고 있었다.

다행히 눈을 못 뜰 정도로 부었던 눈꺼풀이 서서히 제자리로 돌아왔고, 삼 일 후 퇴원할 수 있었다. 의사는 아빠 눈썹 위로 튀어나온 조그만 혹은 다음에 수술해서 없애야 한다고 했다. 그런데 신기하게도 시간이 지나자 그 혹이 저절로 없어졌다. 병원비는 거의 만 불이 나왔다. 너무 놀란 엄마는 상담실을 찾아가 카운슬러와 의논했다.

"진료해 준 의사 선생님 세 분과 병원 앞으로 편지를 쓰세요!"

편지를 써서 보낸 결과, 답장이 왔다. 한 의사 선생님은 비용을 받지 않겠다고 했고, 두 분은 비용을 내라고 했는데, 그 이유는 이랬다.

"No incapacity(무능하지 않음)!"

병원비를 갚을 능력이 있기 때문에 무료로 해 줄 수 없다는 것이었다. 메디케어 신청도 거절됐지만, 4,500불로 많이 할인해 주었다. 그것도 90개월로 나눠서 내도록 해 주었다. 그래서 입원비용으로 병원에 내는 것은 매달 30불씩, 두 의사에게 갚는 것은 매달 10불씩이었다. 5년 후 다시 헝가리로 돌아갈 때는 남은 진료비를 한꺼번에 다 갚았다. 미국이라는 나라, 사람을 믿어 주니 참 고마웠다. 편지를 어떻게 썼냐고? 엄마한테 물었더니 간단했다.

"가난한 신학생입니다. 이번만 도와주시면 꼭 사회에 헌신하는 사람이 되겠습니다."

우리 가족은 샌버나디노에서 겨우 5개월을 살고 이사를 가게 되었다. LA 대학생 선교회 책임자이신 목사님이 우리가 선교센터 건물 2층에 살면서 관리도 하고 사역을 돕도록 제안했기 때문이다. 아빠가 다니는 학교도 바이올라 대학교의 탈봇 신학대학원으로 옮기기로 했다.

1994년 8월 28일, 나와 동생은 LA의 피오 피코 초등학교에 3학년과 1학년으로 입학했다. 그곳은 히스패닉 70퍼센트, 흑인 25퍼센트, 나머지는 소수민족이었다. 학군이 안 좋아서인지 백인과 한국 학생은 보기 드물었다. 우리는 아빠가 미국학생비자를 받은 가족으로 공립학교를 들어갈 수 있는 것만으로도 감지덕지했다.

"공립학교에 다니는 것만도 감사하니, 열심히 하자!"

그 학교는 수업이 끝나면 자녀들을 데리고 가기 위한 학부형들의 차와 스쿨버스로 아수라장이 되곤 했다. 하지만 가난한 동네라서 좋은 차는 볼 수 없었다. 하루는 나와 동생이 엄마 차를 발견하고 잽싸게 올라탔다. 그런데 좁은 일방통행 길이라 차가 움직일 수가 없었다. 엄마 차는 스쿨버스 뒤 두 번째에 있었는데, 스쿨버스가 가지 않고 멈춰 있었다. 그러자 그 뒤에 있는 차 안의 운전자들이 신경질적으로 경적을 빵빵 눌러대고 창문 밖으로 소리를 질러댔다. 머쓱해진 스쿨버스 운전기사 아저씨가 그제야 차를 앞으로 조금 빼 주었다. 그러자 우리 뒤에 있던 차가 잽싸게 먼저 빠져 나갔다. 우리 앞차 운전자는 화를 내면서 갑자기 후진해 왔다.

"어, 어? 엄마야!"

엄마는 놀라서 얼른 우리 차를 뒤로 조금 빼 주었다. 이제껏 스쿨버스 바로 뒤에서 참고 있던 우리 앞차의 운전자, 멕시칸 아줌마가 분통이 터졌는지 차 기어를 전진으로 급히 바꿔 스쿨버스를 그만 쾅 박아 버린 것이다. 주변 아이들이 일시에 공포에 찬 비명을 질렀다. 우리 앞차는 시꺼먼 연기를 뿜으며 금방 폭발할 것만 같았다. 엄마는 엉겁결에 부랴부랴 그 아수라장에서 빠져 나왔다. 우리가 이사 간 동네는 그런 학군이었다.

동네 아이들은 담배 껌을 물고 다녔다. 우리 센터에서 예배나 행사가 있는 날에는 과자를 더 달라고 돌을 던졌다. 한번은 우리 자전거를 도둑맞은 적도 있었다. 그때 엄마는 지혜롭게 이 문제를 해결했다.

"너희들! 우리 자전거를 찾아오면 20불 줄게."

그랬더니 그들은 10분도 안 돼서 우리 자전거를 돌려주었다. 어느

날은 엄마가 우리를 데리고 시립 도서관에 갔다. 문 입구에는 무료 책자들이 놓여 있었다. 표지에 모녀 사진이 있어서 엄마는 교육관계 책자로 생각하고 집어 들었다. 그런데 알고 보니 레즈비언 20주년 기념 책자였다. 그 사진은, 모녀가 아니라 부부였다.

우리는 이곳에 살면서 가족끼리도 서로 불만이 쌓여 갔다. 선교 센터에 살다 보니 밤에 행사가 너무 많았다. 부모님은 날마다 바빴고, 나와 동생은 행동하는 데 제재가 많았다. 게다가 동생이 홍역을 앓았고 연이어 나도 홍역을 앓았는데, 우리는 2층에 갇혀 있다시피 했다. 부모님은 우리의 스트레스를 풀어 주기 위해 가족시간을 갖기로 했고, 잠들기 전에 세 가지 질문을 우리에게 하셨다.

"첫째, 오늘 가장 기뻤던 일은?

둘째, 오늘 가장 화났던 일은?

셋째, 소원이 있다면?"

우리는 그 시간에 기뻤던 일, 속상했던 일, 앞으로 바라는 일을 털어놓았다. 그러다 보면 마음이 좀 풀렸고 부모님도 우리에게 좀 더 신경써 주었다. 그렇게 피오 피코 초등학교에 다닌 지 5개월 만에, 나는 '그달의 모범학생'으로 뽑혔다. 내가 받은 상장에는 레스토랑에 가서 마음껏 먹을 수 있는 쿠폰이 있었다. 부모님은 정말 기뻐하셨다. 온 가족이 함께 가서 먹었는데, 물론 나 외에는 돈을 다 지불해야 했다. 미국은 학교도 비즈니스 하는 나라다. 하하하!

한번은 행복한 연락이 왔다. 헝가리에서 가장 친했던 환이 형이 미국에 온다는 것이었다. 형의 누나가 UC 샌디에고 대학을 가게 되서, 그곳에 가는 길에 우리 집에 온다는 것이었다. 그리고 두 밤을 자고 간다고 했다.

"야호! 환이 형이 온다!"

　진짜 환이 형이 왔다. 우리는 만나자마자 껴안고 펄쩍펄쩍 뛰며 인사했다. 환이 형의 어머니는 친척집에 가셨고, 형은 우리 집으로 왔다. 다음날인 토요일 환이 형 어머니께서 오셔서 우리를 그리피스 파크로 데려가 주셨다. 거기에는 1935년에 세워진 그리피스 천문대가 있었다. 우리는 갈레리오가 우주를 관찰할 때 사용했던 망원경의 모형과 우주에 대한 각종 전시관을 둘러보았다. 또 체험전시관에도 들러, 크기가 다른 쇠공이 지구, 달, 화성, 목성, 금성의 모형으로 중력에 의해 혼자서도 계속 회전하는 것을 보며 참 신기해했다. 자석 마블 같았다. 나는 형과 함께 우주를 나는 별처럼 환상적인 기분이 들었다.

　다음날은 일요일이라 형과 함께 교회 주일학교를 다녀왔는데, 우리 엄마가 차 뒤에 자전거 세 대를 싣고 맥아더 장군 동상이 있는 호수 공원으로 우리를 데리고 갔다. 분수가 있고 청둥오리도 많은, 아름다운 호숫가 자전거 길을 우리는 몇 바퀴나 돌았다. 집으로 갈 때는 엄마가 차로 자전거를 탄 우리를 호위해 주었다. 나중에 알고 보니, 그 아름다운 맥아더 공원 호수는 노숙자들의 아지트라고 했다. 영어만 잘하면 될 줄 알았는데, 영어를 잘해도 미국 노숙자들처럼 될 수 있구나! 천사의 도시란 뜻의 로스앤젤레스에도 알콜중독자, 마약환자, 노숙자들이 너무 많았다.

　그날 밤 환이 형은 다시 떠났다. 헝가리에서 형과 함께 장난감 총을 쏘며 놀던 때를 그리워했는데, 또 다른 아쉬움을 남긴 채 떠나보내야만 했다. 미국에서는 장난감 총이라도 진짜 총으로 오해받을 수 있다고 엄마가 진작 치워 버려 우리는 더 이상 총놀이는 할 수 없었다. 형이 다녀간 후에도 바다를 좋아하는 아빠는 자전거를 차에 싣고 LA에서 가까운 산타모니카 해변에 우리를 데리고 갔다. 가족 단위로 자전거나 롤러블레이드를 타는 사람들이 많았다. 나는 시원한 바닷바람의 저항력을 뚫고 자전거를 타면서 환이 형이 같이 있으면 얼마나 좋을까 싶었다.

미국에 와서 처음으로 추수감사절을 맞이하게 되었다. 두 가정이 우리 가족을 초대해 주었다. 내가 이가 썩어 몹시 아팠을 때 치료해 주신 치과의사 김 선생님 가족과, 또 한 분은 한국에서 엄마의 모교회 목사님이셨던 박 목사님 가족이었다! 그래서 우리는 우선 박 목사님 댁에 가서 인사를 드린 후, 김 선생님 댁으로 가서 저녁을 먹기로 했다.

박 목사님 댁에 가니 대가족이 모여 있었다. 목사님 내외분과 세 자녀의 부부, 손자손녀들이 다 있었다. 그중에 목사님의 장녀는 우리 엄마와 죽마고우였다. 16년만에 만났다며 어른들이 옛날 추억을 나누는 동안, 내 또래의 아이들은 처음 만났는데도 천방지축 2층을 오르락내리락하며 놀았다. 나는 기억이 잘 안 나는데, 그 조무래기 중에는 엄마 친구의 딸, 다혜도 있었던 것 같다. 그날 이후 16년이 지나 우리는 박 목사님 가족을 또다시 만나게 된다. 내 결혼식에서!

"바로, 내 신부가 다혜(Grace)였으니까."

그러니까 나는 다혜에게 엄친아인 셈이다. 엄마-친구-아들!

이런 꽃 이름 들어보셨나요?

"어제-오늘-내일 꽃!"

우리 가족은 박 목사님 댁에서 인사를 드린 후, 바로 김 선생님 댁으로 부랴부랴 달려갔다. 밖은 어느덧 어두워져 있었는데, 멀리 김 선생님은 우리가 언제 오나 기다리고 계셨다. 우리는 늦게 도착해서 죄송한 마음이 들었다. 집 안으로 들어가니 큰 테이블에 노릇노릇 잘 익은 칠면조 고기가 있었다. 나는 먹는 것보다, 그 집 뒷마당에 있는 수영장에서 물놀이하는 것이 더 재미있었다. 그때 그릴에 올려놓은 군고구마를 가지러 밖으로 나온 김 선생님이, 물을 튀기며 신나게 노는 내게 물었다.

"팀! 너, 이 꽃 이름이 뭔지 아니? 꽃 색깔이 세 번 변하기 때문에, '어제-오늘-내일 꽃'이래."

그러고 보니, 그날 나는 '어제-오늘-내일' 영원한 나의 꽃인, 다혜를 만났다. 그때부터 나는 예정론자가 된 셈이다.

2) 화살촉 샘, 샌버나디노

1995년 8월 30일, 우리 가족은 1년 만에 또 이사를 가게 되었다. 책상, 책 등 전보다 짐이 많아져서 이삿짐 회사에서 트럭을 빌렸다. 트럭은 엄마가 운전했고, 나와 동생은 그 옆 좌석에 탔다. 아빠는 뒤에서 우리를 호위하며 승용차로 왔다.

"아빠! 다음 출구에서 내려요, 화장실!"

10번 이스트 고속도로로 가다가 15번 노스 고속도로를 타면 차가 적게 다녔다. 우리는 종이에 글을 써서 창문 밖으로 내밀어 아빠와 소통했다. 대형 트럭이 지나가면, 나와 동생은 오른팔을 아래위로 잡아당기는 흉내를 내며 표시했다. 그러면 대형 트럭이 붕붕 기차불통 같은 소리를 내며 지나갔다.

"아싸!"

우리 가족이 다시 샌버나디노로 돌아가게 된 것은, 경제적인 이유와 영어 때문이었다. 아빠가 다녔던 탈봇 신대원은 LA에서 25마일 떨어져 있었고, 학비도 비쌌다. 학자금 융자를 받으려 했지만, 학생 비자로는 불가능했다. 영주권자와 시민권자만 가능했다.

또 LA 선교 센터에서 지내니까 세미나 행사를 통해 한국인을 많이 만나는 것은 좋은데, 영어가 늘지 않았다. 반면 샌버나디노의 ISOT 신대원은 학비가 적게 들고, 또 한국 사람이 거의 없어서 영어만 사용해야 하는 곳이었다. 우리가 LA를 떠날 때, 선교회 책임자였던 강 목사님이 우리 가족의 영주권 신청을 도와주셨다. 우리를 임 변호사님께 데려가 필요한 서류를 다 만들어 주신 것이다. 나중에 나와 동생이 대학갈 때 아주 유용할 것이라면서….

나와 동생은 샌버나디노의 노스 파크 초등학교 4학년, 2학년에 다니게 되었다. 이번에는 우리 집이 렌트하우스였다. 그 집은 아빠가 다니는 학교의 선배 집이라서 샀고, 뒤뜰에는 유년 시절의 로망인 트리하우스가 있었다.

친구들이 오면 우리는 트리하우스에 들락거리며 나뭇가지에 대롱대롱 매달려 놀았는데 히스패닉, 흑인, 백인, 아시아인 어린이들이 다 한 나무에 매달려 흔들어 댔다. 그러면 엄마는 레몬나무에서 노란 레몬을 뚝 따서, 즉석 레모네이드를 만들어 주었다. 엄마는 레몬 꽃에 날아드는 벌새를 좋아해서, 가슴에 벌새 액세서리를 늘 달고 다녔다.

미국에서 우리 가족이 두 번째 추수감사절을 맞이할 때, 작년에 만났던 엄마의 죽마고우 가족이 우리 집에 왔다. 애리조나주에서 살기 때문에 부모님인 박 목사님 댁으로 가는 길에 우리 집에 들려 하룻밤 자고 가게 된 것이다.

그때 우리 집에는 골든 리트리버 잡종개인 하니가 있었고, 뒷산에서 잡아온 개구리도 있었다. 나와 동생은 엄마 친구의 자녀 세 명과 낮에는 담장을 뛰어넘은 하니를 잡으러 다녔고, 밤에는 개구리에게 줄 귀뚜라미를 잡으러 다녔다. 다혜와 만난 것은 그때가 두 번째였다. 하지만 나는 다혜를 기억하지 못했다.

그 해 추수감사절에는 엄마 친구 베키 가족이 우리 가족을 초대했다. 그 집 거실에는 진짜 미국식 추수감사절 저녁이 차려 있었다. 식탁 중앙에는 붉은 벼슬의 칠면조 한 마리가 장식으로 놓여 있었다. 신기해서 자세히 보니 파인애플을 눕혀 놓고 그 윗부분에 칠면조 머리 모양의 헝겊인형을 얹어 놓은 것이었다. 그러니까 파인애플은 칠면조 몸통이고, 파인애플 잎사귀는 칠면조의 꼬리처럼 보였던 것이다. 정말 기발한 아이디어였다.

그전에 아빠와 엄마가 LA에 있는 한인방송국인 'FM 서울'의 한 프로그램을 통해 헝가리에서 살았던 얘기를 생방송한 적이 있었다. 그때 마침 그 프로그램을 듣던 한국인 아주머니가 전화를 해 왔다. 미국인과 국제 결혼한 사람인데, 우리 집과 가까운 동네에서 산다고 했다. 그렇게 알게 된 그 집에는 나보다 나이가 조금 많은 샘과 자넷 남매가 있었다. 그 둘은 한국말은 못했지만 얼굴은 좀 동양인 같았다.

우리가 초대받은 후, 우리 집에서도 그 가족을 초대했다. 집에 초대하는 것만큼 서로 친해지는 좋은 방법은 없는 것 같다. 식사 후 근처 공원으로 갔는데, 어른들은 차로, 우리들은 자전거로 갔다. 부모님들은 나무의자에 앉아 보온통에 담아온 커피를 마시며 대화했고, 우리는 잔디에서 뛰놀거나 놀이터에서 술래잡기를 했다.

그러다가 산 경계선에 쳐 있는 철조망 밑에서 물이 흐르는 얕은 웅덩이를 발견했다. 거기서 우리는 희한한 개구리 두 마리를 생포했는데, 샘은 연두색과 노란색이 섞인 개구리를, 나는 초록색 개구리를 나눠 키우기로 했다. 나는 올챙이도 병에 잡아 왔다.

"팀! 누가 더 오래 개구리를 키우나 볼래?"

그 후 샘과 나는 개구리 키우는 재미에 푹 빠져, 전화도 자주했다.

"샘! 나 개구리에 관한 책 읽었어. 개구리는 끈적끈적한 분홍색 혀를 쭉 내밀어서 혀에 벌레가 붙으면 날쌔게 한 입에 먹어 버린대. 근데 혀를 너무 내밀어서 혀가 입으로 되돌아오지 않으면 당황해서 발로 혀를 입속으로 밀어 넣는대. 하하하!"

"와! 멋있겠다. 쿨! 나 귀뚜라미 5불어치 샀어, 내 돈으로."

샘의 자랑에 나도 엄마를 졸라 애완용 가게에 갔다. "세상에, 귀뚜라미 열 마리에 1달러라니!

밤마다 천지에 들리는 것이 귀뚜라미 소리인데, 직접 잡자!"

그때부터 나와 동생은 엄마와 함께 귀뚜라미 잡기 공동작전을 펼쳤다. 우리는 귀뚜라미가 있을 만한 곳은 다 뒤졌다. 뒷마당 풀 밑, 부엌의 싱크대 뒤, 천장의 환풍기 있는 곳, 보일러실, 수도계량기가 있는 맨홀 뚜껑 아래까지….

야간 작전에는 손전등과 수건 그리고 뚜껑에 구멍을 송송 낸 유리병을 준비했다. 고요한 밤에 귀뚤귀뚤 소리가 나는 곳으로 허리를 굽히고 살그머니 다가가, 손전등을 탁 비추면 그곳에 귀뚜라미가 있었다. 어리둥절해하는 귀뚜라미를 수건으로 덮친 후 동생이 고이 들고 있던 유리병 안에 집어넣었다. 우리의 환호성에 하니가 덩달아 짖어대면 더 이상 못 잡고 귀뚜라미 사냥을 끝내곤 했다. 귀뚜라미가 귀해지자 우리는 개구리를 다시 공원에 풀어 줬다.

"귀뚜라미가 뚜르르 우는 달밤에 멀리 떠나간 친구가 그립습니다."

샘과 자넷과는 학년 차이가 나서 그런지 그 후 소식이 끊어졌다.

우리 집 개 하니가 말썽을 피웠다. 우리가 없는 사이에 담장을 넘어 동네를 휘젓고 다녔던 것이다. 집집마다 개들이 짖어댔고, 주민들의 신고를 받은 동물보호 보안관이 출동했다. 우리가 집에 돌아와 보니 개를 조심하라는 경고장이 붙어 있었다. 아빠가 쪽문을 수리해서 하니가 담장을 넘지 못하도록 했다. 다음날 우리 가족이 학교에 가고 없는 사이 동물보안관이 다시 찾아왔다. 이번에는 우편함에 벌금 통지서가 들어 있었다.

"개 밥, 물 없었음. 동물 학대 죄로 벌금 100불!"

우리는 하니에게 친구를 만들어 주려고 강아지를 데리고 왔다. 그런데 그게 오히려 더 큰 화근이 될 줄이야! 하니가 자기 밥을 먹는 강아지를 그만 콱 물어 버린 것이다. 피 흘리는 강아지를 보고 엄마는 무서워서 우왕좌왕 어쩔 줄 몰라 했고, 아빠는 얼른 차에 싣고 동물병원에 갔다. 강아지는 살릴 수 없었다. 하니는 동물 보호소로 보내졌다.

이제 당분간 개를 키우지 않기로 하고, 한국 미아리 집에서 키웠던 것과 같은 잉꼬 두 마리를 사 왔다. 그런데 그것도 오래가지 못했다. 어느 날 아침에 밥을 주려고 가 봤더니 새 두 마리가 다 죽어 있었다. 새장을 높이 매달면 깃털이 흩어지니까, 받침대를 괴고 새장을 거실에 뒀는데, 개미떼들이 새까맣게 줄을 이은 것이었다.

"세상에, 개미가 새를 죽이다니…."

좁쌀에 딸려 들어간 개미가 새의 위를 갉아 먹었는지, 원! 미국 개미는 어찌나 독한지, 한 번씩 집에 개미 죽이는 약을 친 후 집 전체를 천막으로 덮어놓기도 했다. 그 후 우리는 물고기를 키웠다. 친구이고 애완용 동물이고 어디 오랫동안 마음 붙이기가 쉽지 않았다.

겨울방학이 되자, 외할아버지와 외할머니가 내 사촌 동생을 데리고 미국에 오셨다. 우리는 데스밸리와 그랜드캐년을 함께 여행했다. 그 후 외할아버지와 외할머니는 한국으로 가셨고, 외사촌 모세는 여기가 더 좋다고 좀 더 남아 있겠다고 했다. 그런데 우리는 방학이 끝나가서 곧 학교에 가야 했기 때문에 모세와 놀아 줄 수가 없었다. 엄마는 모세를 우리 학교 서무실로 데려가서 입학이 가능한지 물어보았다. 다행히 학교에서 모세를 받아 주었다.

그때가 1996년 1월이었는데, 모세는 내 동생 성훈이보다 한 살 많았지만, 동생이 다니는 2학년 교실에 배정받았다. 나중에 동생은 모세를 잘 도와준 덕분에 시민상을 받았다. 모세는 착한데다 영어를 좋아하고 음악을 잘해서 선생님한테 귀여움을 많이 받았다.

엄마는 우리 셋이 피아노를 배우도록 해 주셨다. 엄마 친구 베키 아주머니의 소개로 교회 반주자인 니콜 할아버지를 알게 되었다. 니콜 할아버지는 피아노 레슨을 받으려면 먼저 피아노를 구입하라고 했다. 연습이 중요하기 때문이었다. 엄마는 베키 아줌마와 함께 우리를 데리고 중고 피아노를 사러 다녔다. 전화부에서 주소를 찾아서 갔는데 우리나라 삼익, 영창 악기도 있었다. 하지만 가격이 비싸 피아노 가게에서 사기는 어려울 것 같았다. 결국 중고품 가게에서 사기로 했다.

마침 한 중고품 가게에 피아노가 있다고 했다. 우리는 흥분된 마음으로 가게 아저씨를 따라 진열장 뒤로 갔다. 거기는 쓰레기장처럼 더미더미 중고품이 쌓여 있었는데, 찌그러진 피아노 한 대가 하얗게 먼지에 덮여 있었다.

"수리해서, 39달러 99센트에 주겠습니다."

가게 아저씨 말에 베키 아줌마가 피아노 건반을 눌러 보았다.

"어떤 곡을 쳐 볼까?"

"엘리제를 위하여!"

엄마는 얼른 대답했다. 마치 '우리를 위하여!' 하듯이…. 베키 아주머니와 엄마는 소리가 괜찮다며 서로 눈 사인을 주고받았다. 며칠 후 피아노가 배달됐다. 베키 아줌마의 소개로 조율사 할아버지도 오셨다. 할아버지는 낡은 가죽가방에서 망치를 꺼내 피아노 내부를 두드려 가며 음을 맞춰 주었다.

"수리비는 85불입니다."

피아노 값보다 두 배 이상 비싼 조율비를 내게 되었다. 하지만 잘 올라오지 않던 몇 개의 건반들이 이제 그럭저럭 탄력 있게 올라왔다. 피아노가 준비된 우리는 니콜 할아버지 집에 레슨을 받으러 갔다.

"니콜 할아버지! 우리 집 피아노는, 삐뚤어졌어요."

"그래도 너희들이 잘 쳐서 좋은 소리를 내면, 기적이지!"

모세는 한국에서 피아노를 배워서 잘 쳤고, 내 동생은 엄마 말에 순종해서 피아노를 배웠는데, 나는 피아노를 배우러 갈 때마다 머리가 아프거나 구토를 했다. 나는 활동적인 것을 좋아하는데 억지로 앉아서 하니까 병이 다 났던 것이다. 결국 나 때문에 우리 셋 모두가 피아노 레슨을 중단하고 말았다. 그 사이 내 시력이 나빠져서 안경을 맞췄다. 모세는 관광비자 기간이 지나기 전에 한국으로 돌아갔다.

우리 가족은 또 이사를 갔다. 아빠 친구가 아주 싼 집을 소개해 준 것이다. 그 집은 노스 파크 초등학교에서 넘어지면 코 닿는 거리에 있었다. 나는 이제 방과 후에도 운동장에서 농구를 할 수 있게 되었다.

우리 집은 목요일 아침이 제일 바빴다. 엄마도 아빠가 다니는 신학대학원에서 공부를 했다. 정식 학생의 배우자일 경우 수업료가 아주 저렴했다. 엄마는 베키 아줌마와 함께 '구약개론'과 '스트레스 관리' 과목을 선택했다. 엄마는 성경의 구약 39권 이름을 영어로 외우는 것이 쉽지 않았지만, 연관성 있는 단어와 그림으로 재미있게 배워 갔다. 스트레스 관리를 위해서 우선순위 도표를 만들었는데, 엄마는 우리에게 자랑스럽게 전수해 주곤 했다.

"긴급성과 중요성이 있는 거야. 그러니까…."

그날 아침도 목요일이어서 부모님께서 먼저 학교에 가셨다. 우리는 스스로 가방을 챙겨 학교를 가야 했다. 그런데 내 바지가 보이지 않았다. 내 바지는 빨래걸이에 아직 덜 마른 채 걸려 있었다. 엄마가 전기세

아낀다고 드라이어를 사용하지 않았던 것이다. 양말을 신으려고 하니 구멍이 나 있었다. 내게는 그때마다 부르는 노래가 있었다.

"내 양말 구멍 났네! 구멍 난 내 양말!

구멍이 안 난 것은 내 양말이 아니죠~."

나는 체념을 하고 할 수 없이 아빠 바지를 입고 학교에 갔다. 난 그때 뚱뚱하고 덩치가 커서, 길이만 조금 길었지 아빠 바지도 그럭저럭 잘 맞았다. 운동장에서 농구할 때 나는 아더보다 더 잘하려고 공에만 정신이 팔려 있었다. 그때 누가 나를 불렀다.

"팀! 팀!" 교장 선생님이었다.

"너 갱단이 입는 통 넓은 힙합바지를 입었구나. 그건 학교 규칙에 어긋나는 옷이야. 빨리 집에 전화해서 부모님께 알려 바꿔 입도록 해!"

나는 서무실에 가서 여러 번 집에 전화를 했지만 아무도 없었다. 풀이 죽어 교실로 들어오는데 친구들이 내게 사인을 줬다. 엄마가 오고 있다는 것이었다. 학교를 다녀오는 길에 우리가 공부를 잘하는지 보러 왔다는 것이다. 엄마는 얼른 교장실에 가서 해명을 하고, 코앞에 있는 우리 집으로 달려가 내 옷을 가져왔다.

그날 나는 기분 좋게 엄마에게 자랑할 일이 있었다.

"엄마! 나 오늘 단어시험에서 보너스 받았어요!"

"무슨 단어였는데?"

"일렉트로엔세펄러그램(Electroencephalogram: 뇌파 뇌전도)!

"그렇게 긴 단어를 안 틀렸어? 전기하고 도표하고 관계있는 말이야?"
엄마가 한영사전을 찾아보았다.

"웅! 사람 머리에도 전기가 흐르는데 그걸 그림도표로 나타내는 거래. 의대에서나 배울 단어를 초등학교에서 가르치다니! 미국, 정말 대단해. 나도 세상에서 제일 긴 단어 알아."

"와! 뭔데요?"

엄마는 '보물상자'에서 옛날 수첩 하나를 꺼냈다. 거기에는 50권이 넘는 엄마의 다이어리, 수첩, 독서 메모장이 연도별로 들어 있었다.

"플락서노서나이힐러필러피케이션(Floccinaucinihilipilification)! 부 따위를 경시하는 것인데, 돈 많은 것을 부러워하지 않고 우습게 보는 거래. 부는 길게 깔봐도 되기 때문에 단어가 이렇게 긴 거라네. 나름 철학적이지?"

"철학이 뭐야?"

"너희들 '라이온 킹' 노래 부르지? 그거 있잖아…."

"하쿠나 마타타(No worries! 걱정 마)!"

"그래, 그거!"

"아빠 바지 입었다가 오해를 받았지만, 하쿠나 마타타!"

"맞아~ 햐! 이건 진짜 너무 철학적인데? 하여튼 살아가면서 어려운 일이 생기면 말이야, 걱정하거나 포기하지 말고 노래 부르고 기도하면서 해결해 나가면 되는 거야. 그러면 끝내는 멋있고 훌륭한 라이온 킹처럼 될 수 있어."

그때 동생이 끼어들었다.

"엄마! 나도 과제물에 참고문헌 써 가야 해요."

"뭐? 초등학교 2학년이? 휴~ 갈수록 태산이네."

동생은 한 동물을 선택해서 연구한 뒤 보고서를 써야 했다. 2주 후 마감일까지 제출해야 3학년에 올라간다고 했다. 여섯 장으로 하되, 표지에는 표제를 "동물보고서"라고 쓰고, 둘째 장은 동물 이름, 셋째 장은 동물 분류, 넷째 장은 그 동물의 특성, 다섯째 장은 해당하는 그림, 여섯째 장에는 참고문헌을 써야 했다. 엄마가 미국 교육에 대해 놀라자, 아빠도 공부가 어렵다는 것을 공감해 달라는 듯 말했다.

"여보! 미국에서는 초등학교 때부터 논문 쓰는 걸 배우는데, 나는 이 나이에 미국 대학원에서 공부하니 얼마나 힘들겠소!"

그날 저녁 나는 엄마와 함께 신발을 사러 쇼핑몰에 갔다. 아빠 바지 사건과 단어시험에서 보너스 받은 일로, 엄마는 선심을 쓰는 것 같았다.

"마침내!"

이제까지는 중고품 가게에서 1불도 안 하는 75센트 중고신발을 사 신었다. 신발이 닳아서 떨어지면 엄마가 꿰매 주었다. 농구를 좋아하는 애가 10개월간 줄곧 한 신발로 지냈으니, 밑창이 덜렁거리고 신발 윗부분 헝겊엔 구멍이 나는 건 당연했다. 친구 집에 가면 현관 입구에 신발이 여러 개 놓여 있는 것이, 나는 제일 부러웠다.

"엄마! 친구들이 나보고 '마침내!'라고 말하겠어요. 야호~"

아! 드디어, 마침내, 결국은, 끝내, 기어이… 새 신발을 샀다!

"새신을 신고 뛰어보자 팔짝! 머리가 하늘까지 닿겠네~"

아빠가 다니는 학교는 애로우헤드 스프링스에 있었다. 산 중턱에는 가시덤불이 자랐는데, 유독 화살촉 모양으로 생긴 자갈밭이 지진이 나도 지형이 변하지 않아 붙은 이름이었다. 또 온천수가 곳곳에 흘렀다.

아빠는 새벽 5시만 되면 학교 채플로 기도하러 가셨다. 나와 동생도 아빠를 따라갔다. 새벽에 아빠가 운전해서 애로우헤드 스프링스로 올라가면, 푸르스름한 미명에 하얀 김이 온천수에서 신비롭게 피어올랐다. 헤드라이트에 놀란 토끼와 다람쥐, 사슴도 볼 수 있었다.

사방이 유리로 된 채플의 계단을 내려가면 기도실이 있었다. 거기에는 큰 세계지도가 벽에 걸려 있었다. 모든 나라와 민족을 위해 기도하기 위해서였다.

무릎 꿇고 기도하는 아빠 옆에서 우리도 엎드려 잠깐 기도한 후, 가방에 넣어간 한글로 된 〈위인전〉 책을 꺼내 읽었다. 나는 한 권씩 다 읽을 때마다 수첩에 한글로 간단히 요약했다. 지금 보니 그때가 초등학교 4학년 때였는데, 그 책들은 초등학교 2학년 수준쯤 되는 것 같다.

〈처칠〉

처칠은 어렸을 때 공부를 싫어했고 개구쟁이였다. 아빠가 군인학교에 보내서 그 학교에서 8등을 했다. 처칠이 컸을 때 실패해도 포기하지 않고 끝까지 노력해서 이겼다.

〈노벨〉

노벨은 형제가 두 명 있었다. 아빠가 과학 공부를 하라고 해서 과학 공부를 했다. 노벨은 폭탄 같은 것을 많이 만들었다. 노벨의 동생은 폭탄이 터져 죽었다. 노벨은 결혼도 못했다.

〈헬렌 켈러〉

헬렌 켈러는 어렸을 때부터 안 보이고 귀가 안 들렸다. 설리번이란 사람이 헬렌을 가르쳤다. 헬렌은 어른이 되었을 때 눈이 안 보이는 사람들과 귀가 안 들리는 사람들을 돌봐 주었다. 헬렌은 여든여덟 번째 생일을 맞이하기 전에 죽었다.

〈고흐〉

고흐는 어렸을 때부터 화를 잘 냈다. 고흐는 그림 그리는 것을 좋아해서 화가가 됐다. 그런데 그 그림을 아무도 받아 주지 않았다. 고흐는 너무 마음이 답답하여 자살했다.

〈플레밍〉

플레밍은 어렸을 때부터 공부를 잘했다. 커서 형이 의사가 되라고 해서 의사가 됐다. 그러다가 플레밍이 페니실린을 발견했다.

〈마틴 루터 킹〉

킹은 어렸을 때 목사가 되고 싶었다. 킹은 커서 목사가 돼서 흑인들의 자유를 위해서 살았다.

〈페스탈로치〉

페스탈로치는 어렸을 때, 사람들을 도와주고자 하는 꿈이 있었디. 그는 커서 고아들의 아버지가 됐고 그들을 위해 학교까지 세웠다.

〈다윈〉

다윈은 동물과 생물을 좋아했다. 다윈은 어른이 되었을 때 자기 사촌과 결혼했다. 다윈은 사람이 원숭이와 관계가 있다고 생각했다.

위인전을 읽은 뒤, "이상한 나라의 엘리스"도 읽었다. "엘리스가 어떤 토끼를 따라 이상한 나라에 갔다. 이상한 것들이 많이 있었다. 어떤 여왕이 엘리스의 목을 잘라 죽이려고 해서 앨리스는 도망쳤다. 그때 바로 깨어났다. 꿈이었다."

나는 아직도 한글 실력이 많이 부족하지만, 이렇게 위인전과 과학앨범 시리즈, 동화책, 성경책을 읽고 쓰면서 한글을 배웠다.

아빠와 나, 내 동생 이렇게 남자 셋이서만 간 곳이 또 있다. 바로 박찬호 선수를 볼 수 있는 다저스 스타디움이다. 엄마는 올빼미 스타일이라서 밤에 늦게 자고 아침에는 일찍 일어나지 못했다. 그리고 스포츠는 별로 좋아하지 않았다. 우리 삼부자는 돈 많은 부자는 아니지만, 추억이 많은 부자다.

한국으로 돌아갔던 사촌 모세가 다시 오기로 했다. 미국 학교와 우리가 그리웠나 보다. 우리도 모세와 함께 있으면 훨씬 좋았다. 모세는 특히 음악에 재능이 많아 함께 노래할 때 재미있었다. 성격도 온순했다. 우리 가족은 모세를 배웅하러 LA 공항에 갔다. 비행기는 분명 도착했는데, 모세는 다섯 시간이 지나도 오지 않았다. 아빠가 공항 직원에게 물어봐도 기다리라고만 했다. 우리는 점점 기다림에 지쳐가고 있었다. 그때 공항 직원과 경찰이 우리에게 다가왔다.

"따라오십시오."

알고 보니 모세가 지난번에 학생비자 없이 미국 공립학교에 다닌 것이 문제가 된 것이었다. 초등학생 혼자 관광비자로 미국에 오니까 여권 검사대에서 방문 목적을 물었는데, 영어를 좀 하는 모세가 공항 직원이 하는 질문에 사실대로 대답했던 것이다. 심문 과정이 너무 힘들었던 데다가 이 상황이 무서워서 모세는 울고 토한 것 같았다. 눈이 퀭하고 몸이 축 처져 있었다. 얼마나 두려웠을까? 우리는 만나자마자 서로 꼭 부둥켜안고 안도의 웃음과 눈물을 흘렸다.

"돌아가는 비행기 표를 지금 사십시오. 바로 추방입니다."

경찰의 명령이 떨어졌다. 경찰은 지금 당장은 비행기가 없으니 하룻밤을 여기서 자고, 아침 일찍 떠나라고 했다. 아빠는 비행기 표를 구입한 후 사정했다.

"죄송합니다! 법을 모르고 그랬으니, 용서해 주십시오!

아직 어리니, 몇 시간이라도 저희 집에서 자고 떠나게 해 주십시오."

그렇게 해서 겨우 허락을 받은 아빠는 모세를 우리 집에 데리고 왔다. 모세는 우리 집에서 네 시간 있다가 떠났다. 그 황금 같은 시간을 밤 샘하며 이야기를 하고 놀 줄 알았는데, 우리는 모두 지쳐서 잠에 곯아떨어졌다. 새벽에 부랴부랴 LA 공항으로 가서 만나자마자 이별이라고 그렇게 헤어졌다. 출국할 때 공항 직원은 모세에게 10년 안에는 미국에 못 들어온다고 했다. 나중에 모세는 독일로 유학을 가서 음악공부를 하게 된다.

미국 학교에서는 등교할 때 준비물을 챙기느라 야단법석을 떨지 않아도 된다. 각자 준비해야 할 것은 미리 학기가 시작하기 전에 품목 리스트를 주기 때문이다. 또 수업 지침서가 있으니까 우리가 뭘 공부할 것인지 미리 알 수 있어서 좋다.

수업시간에 드는 재료는 학교에서 제공해 주고 우리는 노트와 연필, 바인더 외에, '지진을 대비한 물품'만 준비하면 되었다. 그것은 선생님이 나눠 주는 비닐 주머니에 손전등, 통조림, 마른 비스킷을 넣어 제출하면 되었다. 집에는 항상 비상용 물을 준비해 둬야 했다. 그리고 자연재해 예방 학습 외에 자연보호, 마약금지, 기름재활용법, 화재방지, 총기류 조심, 성교육 등의 실생활 교육을 받았다.

하루는 밤에 자고 있는데 부모님이 살그머니 우리 방에 들어오셨다.

"쉬! 넌 그냥 자라! 오늘은 아빠와 엄마도 이 방에서 잘 거다."

"어? 그런데 이게 무슨 냄새야?"

인기척에 깬 나는 부모님이라 안심했지만, 지독하고 이상한 냄새와 함께 동네 개들이 마구 짖어 대서 좀 불안했다.

"여보! 총 갖고 들어오면 어떡하죠? 워낙 무서운 세상이라….

농약 냄새 같기도 한데…, 분무기로 독약을 뿌린 건 아닐까?"

엄마의 소곤거리는 소리가 아득해지며, 나는 다시 잠들었다. 그날 밤 부모님은 한잠도 못 자고 불안에 떨었다. 가까스로 동이 틀 때, 일찍 직장에 나가는 옆집 브라이언 어머니의 차 시동 소리에 엄마가 뛰쳐나가 물어보았다.

"스컹크가 다녀간 거예요."

우리 모두 웃음을 터뜨리고 말았다. 스컹크는 고양이보다 좀 큰데, 까만 몸에 머리에서부터 꼬리까지 복판에 흰 줄이 나 있다. 나중에 어른들이 그 해프닝을 듣고 말씀해 주셨다.

"그건 아무 것도 아녜요. 스컹크가 차 안에다 방귀 한 방 뀌고 가면, 그 차 버려야 해요."

"우하하하!"

"따르르릉~"

잠결에 전화 벨소리를 듣고 일어난 아빠가 시계를 보았다. 새벽 3시 였다. 엄마 친구 베키 아주머니였다.

"폴! 지금 산불이 났어. 바로 너희 집 위야."

아빠가 나를 깨워 눈을 떠 보니 타는 냄새가 매콤했다.

"산불이 났어. 동생은 깨우지 마!"

순진하고 좀 엉뚱한 동생이 충격을 받을까 봐 그러신 것 같았다. 옷을 갈아입고 문을 여니, 아! 정말 놀라웠다. 바로 우리 집 위쪽이 온통 불바다였고, 시뻘건 불이 날름날름 주택가를 삼키려고 했다. 다행히 바람이 옆으로 불어서 주택가로 내려오지 않고 산기슭으로 번져 갔다. 20년전에도 이곳에 산불이 나 백 채 이상 집을 태웠다고 했다.

소방차들이 우리 집 앞 도로로 속속 진입해 와서 진을 쳤다. 수십 명의 소방관 아저씨들이 내려 준비태세를 갖추고 주민들을 보호해 주었지만, 새벽이라고 사이렌 소리나 호각 소리, 고함 소리 하나 내지 않았다. 주민들도 역시 침묵한 채 담장이나 지붕에 올라가 이 상황을 지켜본 뒤 피신해야 할지를 생각하고, 차에 중요한 물품을 실어놓고 언제든지 탈출할 태세를 갖추었다.

아빠가 차를 몰고 근처 친구 집 쪽으로 가 보았다. 다행히 거기도 괜찮아서 다시 집으로 돌아왔는데, 소방대원이 길을 막고 위험하다고 들여보내 주지 않았다. 운전면허증에 있는 주소를 보고서야 허락해 주었다. 우리 집 앞 필리핀 사람 루디도 차에 귀중품을 싣고 떠날 차비를 하고 있었다. 베키 아줌마가 가르쳐 준 대로 텔레비전을 켜 놓았는데, 워터맨 초등학교에 임시대피소가 마련되어 있다는 자막이 나왔다. 아빠가 내게 물었다.

"성화야! 넌 뭘 차에 실을래?"

"게임기, 비디오, 텔레비전 그리고…."

"그래! 우리 집엔 그다지 비싼 물건이 없어서 다행이다."

엄마가 말했다. 동생은 잠만 쿨쿨 잘도 잤다. 우리는 무릎을 꿇고 기도한 후, 다시 자기로 했다.

"제발 비가 오게 해 주세요. 불이 꺼지도록…."

캘리포니아는 사막 기후로 일 년을 우기와 건기로 나누는데, 건기인 여름에는 비가 오지 않고 가끔 마른번개와 천둥만 친다. 때로 바람이 세고 너무 건조해서 자주 산불이 난다. 우기인 겨울에는 비가 오고 산도 푸르러진다.

"띠리리링~"

이번에는 자명시계가 울렸다. 우리는 놀란 마음에 후다닥 일어나서 문을 열어보았다. 아! 산기슭에는 간밤에 그렇게 소용돌이치던 시뻘건 불꽃은 온데간데없고 뿌얀 연기만 안개처럼 피어나고 있었다. 고요하고 평화로운 주일 아침, 간밤에 잠을 설친 샌버나디노 주택가는 포근히 잠들어 있었다. 우리는 LA에 있는 한인교회로 가기 위해 205번 사우스 프리웨이로 차를 몰았다. 동생이 투덜댔다.

"왜 나만 안 깨웠어? 나도 산불 보고 싶은데, 아이 참!"

그때였다. 우리 차창에 비가 한두 방울 떨어졌다.

"와우! 비 오네. 우기가 오는 거야?"

미국은 5월 둘째 주일이 어머니날이고, 6월 셋째 주일이 아버지날
이다. 아버지날 행사는 없지만 어머니날은 학교에서 시를 짓고 카드도
만든다. 나는 짧은 한글 실력으로 '어머니 날의 헌시'를, 동생은 영어로
'Mother 6행시'를 지어 드렸다. 동생의 영어이름은 엘리야다.

행복한 어머니 날

김성화

나는 엄마를 사랑합니다.

엄마가 나를 사랑해 준 거 고맙습니다.

나한테 밥도 해 주고 반찬도 해 준 거 고맙습니다.

엄마가 어떨 때는 나를 혼내지만

나를 용서해 주어서 감사합니다.

내가 도움이 필요할 때마다 엄마는 항상 거기에 있습니다.

엄마는 내 인생에 중요한 사람이고

나는 엄마가 내 인생에 있어서 행복합니다.

엄마! 사랑해요.

행복한 어머니 날

김성훈

엠(M)은 내가 사랑하는 엄마(mom)의 '엠'입니다.

오(O)는 날마다(on everyday) 나를 돌봐 주시는 '오'입니다.

티(T)는 나를 잘 대해 주시는(treat) '티'입니다.

에이치(H)는 내가 엄마의 자녀여서 행복한(happy) '에이치'입니다.

이(E)는 내 이름을 엘리야(Elijah)로 지어 주셔서 감사한 '이'입니다.

알(R)은 내가 늘 어머니날을 기억하는(remember) '알'입니다.

동생은 나랑 완전히 다르다. 잘 먹지 않아서 몸집이 작고 조용하며 순진무구하다. 한편 집요한 데가 있어 뭐든 혼자 연구하고 터득했다.

"성훈아! 수박 먹어!"

"그건 형거야."

"같이 먹는 거지, 형만 먹는 게 어디 있어? 너도 좀 잘 먹어 봐라."

엄마가 채근하니까 동생이 못 견뎌서 수박을 조금 먹은 뒤 말했다.

"엄마! 나 이제 수박이 내 배 속에서 자라지 않는 거, 안다!"

"그래! 왜 안 자라지?"

"배 속에는 흙과 거름이 없잖아."

아하! 사과, 복숭아, 바나나는 잘 먹는 동생이 그동안 수박을 못 먹은 이유를 알았다. 사과는 씨 근처 맨들맨들한 보호막이 있으니까 미리 뱉을 수 있고, 복숭아는 씨가 크니까 괜찮고, 바나나는 아예 씨가 없고, 그런데 미끌미끌한 수박씨는 어쩌다 삼키면 배 속에서 자라, 입 밖으로 넝

쿨이 나올까봐 무서웠던 것이다.

"이제 알았어? 그걸? 난 다섯 살 때 벌써 다 알았는데?"

동생은 또 사이다만 마셔도 그랬다.

"엄마! 창문 좀 닫아 주세요. 외할아버지가 보고 있잖아요."

외할아버지는 우리에게 스무 살 전까지 콜라를 못 마시게 했다. 콜라에 든 카페인이 성장기에 좋지 않다고…. 외할아버지는 오토바이를 타고 부산 동래 온천장을 자주 다니셨다. 그런데 버스가 외할아버지가 탄 오토바이를 쳐서 교통사고가 나고 말았다. 병원에 입원한 외할아버지는 병상에서도 우리에게 편지를 써서 보내 주셨다.

"너희들이 콜라를 먹나 안 먹나 할아버지가 이렇게 지켜보고 있다."

편지에는, 가슴에 깁스를 한 채 망원경으로 우리를 보고 계시는 외할아버지의 모습이 그려 있었다. 나는 그 편지를 보고 킥킥 웃었는데, 동생은 그 모습을 진짜로 알고 명심하고 있었나 보다. 창문을 닫으면 안 보이는지…. 나중에 좀 크니까,

"엄마! 카페인 프리는 먹어도 되죠?"

좀 더 크자, 피자 먹을 때나 생일파티 때는 콜라를 마셨다.

"엄마! 외할아버지는 망원경으로 우리를 볼 수 없어요."

"왜?"

"왜냐하면, 외할아버지 망원경은 조그마하니까."

"망원경에 대해서 배웠어?"

"응! 우주망원경으로 태양, 지구, 달, 화성, 목성, 금성의 존재를 알게 됐어요."

그 후 외할아버지께서 돌아가셨을 때, 내가 말했다.

"이제 외할아버지가 하늘에서 우리가 콜라를 먹는지 안 먹는지 보시겠다. 그치?"

동생은 고난도의 팔(8)자 줄넘기도 잘했고 수영, 파도타기, 자전거, 롤러블레이드 등, 뭐든 혼자 터득했다. 중고등학생 때는 비트박스와 드라마 연기를, 대학교에 가서는 팝핑을 했다. 유튜브에도 '팝핑 성훈'(Popping Seong Hoon)이란 이름으로 동영상 시리즈를 올렸는데, 조회수가 63만 8,265명을 넘었다. 대학원에 가서는 태권도를 했다. 지금은 검은 띠를 따서 사범으로 아르바이트를 하며 공부하고 있다. 2단이 목표였는데 그것도 해 냈다.

한번은 우리 가족이 오페라를 보러 갔다. 노형건 오케스트라 단장님이 "휘가로의 결혼" 티켓을 주신 것이다. 집으로 돌아오는 길에 카스트레오에서 "라이언 킹" 노래가 나왔다. 동생과 나는 그 음악에 도취돼서 신나게 노래를 불렀다. 그때 우리 차에 동행한 사람이 있었는데, 그분이 이렇게 말씀하셨다.

"동생이 형보다 훨씬 더 잘하네. 성악을 시키세요."

나는 더 이상 노래할 맛이 사라졌다. 동생도 따라 그쳤다. 그분이 차에서 내린 뒤, 엄마가 우리를 보며 말했다.

"팀! 아까 그분이 말할 때, 기분이 어땠어?"

"한 방 먹여 주고 싶었어."

"그래! 나라도 그런 기분이었을 거야."

"엄마! 나, 다시는 그 아줌마랑 같이 우리 차에 안 탈래! 기분 나빠."

"응! 그분은 자녀를 한 명밖에 안 키워 봐서 그래. 넌 바리톤이고, 동생은 테너야. 아까 오페라를 볼 때도, 사람마다 다 다르게 불렀잖아?"

엄마는 상담학을 배우더니 말투가 좀 달라졌다. 전 같으면 이랬을 것이다.

"그렇게 말하면 못 써! 어린애가 어른을 때려 주고 싶다니!"

엄마가 덧붙였다.

"아빠, 엄마는 말이야, 너희 둘이서 화음을 넣어 부를 때, 감동이 되고 정말 행복해. 자꾸 듣고 싶어져. 우리 두 아들, 멋져!"

비교의식, 경쟁의식, 체면, 위선, 그런 것은 마음에 상처를 준다. 아빠는 동생을 칭찬할 때 항상 나를 끼고 말한다. 그러면 나는 동생의 장점을 인정할 뿐 아니라, 동생에게 더 잘해 주고 싶어진다.

아빠가 말했다.

"아하! 성훈이가 형한테 배워서 그렇게 잘하는구나."

6월 초 여름방학이 되자 드디어 한국에, 한국을, 한국으로, 가게 되었다. 신난다! 한국에 도착하니 할아버지와 할머니가 공항에 와 계셨다. 환영의 꽃다발과 함께···. 이문동 집에 도착하자 할아버지는 그동안 간직하고 있던 내 동생의 입학 통지서를 꺼내 보여 주셨다. 그렇지 않아도 부모님은 우리를 잠시라도 한국 학교에 보내고 싶어 하셨는데, 할아버지가 구청 교육위원회에 전화하신 것 같았다.

"교장 선생님 재량이니, 그쪽에 물어보시면 좋겠습니다."

"아! 한국 어린이가 당연히 한글을 배워야지요. 의무교육 아닙니까?"

청량 초등학교 교장 선생님은 화통하셨다. 할아버지는 우리와 웬디가 낳은 강아지를 데리고 학교에 가셨다. 아키다 강아지는 학교에 기증

하셨다. 옛날 우리가 미아리에서 키웠던 웬디를 할머니께서 잘 키워 주고 계셨던 것이다.

나는 3학년 교실에, 동생은 1학년 교실에 배정받았다. 친구들이 많아서 좋았다. 자꾸 영어를 해 보라고 해서 좀 귀찮기는 했지만…. 또 반 아이들이 내게 별명을 붙여 주었다. 학교를 다녀오면 외국어대학교나 경희대학교 뒷산으로 놀러가거나, 구멍가게에 가서 군것질을 했다. 차 없이도 집에 마음대로 들락날락할 수 있으니… 우리나라가 정말 세상에서 제일 살기 좋은 곳 같았다.

더구나 목욕탕 가는 재미를 붙여 이틀이 멀다 하고 동생과 만복탕에 갔는데, 목욕탕 주인 할머니가 동네 터줏대감인지라 우리를 잘 알고 계셨다. 그래서 가끔은 목욕비를 깎아 주셨고, 요구르트를 공짜로 주시기도 하셨다. 처음에 목욕탕에 갔을 때, 어떤 아저씨가 우리에게 이렇게 말했다.

"너희들, 외국에서 왔지?

"어떻게 아셨어요?"

"임마! 한국에 사는 사람들은 그렇게 때가 많지 않아."

우리가 학교에 다닌 지 얼마 안 돼서 사건이 터지고 말았다. 조례시간 전이었는데, 한 아이가 요요 장난감을 가지고 놀고 있었다. 양쪽 방울이 추처럼 달려 있어서 손을 아래위로 흔들면 딱딱 부딪히는 소리가 듣기 좋았다. 그리고 더 세게 흔들면 두 방울이 원을 만드는 것처럼 신기하게 보였다.

아이들이 너도나도 요요 장난감으로 한번 놀고 싶어서 줄을 섰다. 나도 줄을 섰다. 드디어 내 차례가 돼서 요요 장난감을 건네받아 추를 흔들려고 하는데 한 아이가 그 요요를 빼앗으려고 했다. 나는 빼앗기지 않으려고 몸을 피했는데 그 아이가 나를 잡으려고 하다가 슬슬 싸움이 붙었다. 서로 팔을 잡고 어깨를 겨누며 씩씩대고 있는데, 반장이 와서 나에게만 야단을 치는 것이었다. 더구나 칠판 한쪽에 "떠든 사람 : 김성화"라고 적었다. 나는 그만 화가 나서 반장에게 가서 대들었다.

"유 아 언페어(You are unfair : 넌 공정하지 못해!)"

갑자기 영어가 튀어나왔다. 아이들이 우르르 모여들자, 반장이 내게 따지러 다가왔다. 그리고 점잖게 팔을 내 어깨에 대며, "야!" 하고 소리를 질렀다. 나도 지지 않으려고 반장의 어깨를 잡으려 했는데, 그 순간 반장이 얼굴을 획 돌렸다. 그 바람에 그만 내 손톱이 반장의 코에 흠집을 내고 말았다. 순식간에 일어난 일이었다. 화가 투우처럼 난 반장이, 내 뺨을 갈겼다. 내 코에서 코피가 터졌다. 이전에 흑인아이들한테도 몰매를 맞아 코피를 많이 흘렸었는데…. 피를 보자 아이들이 흥분해서 비명을 지르고, 서로 편을 나누어 응원을 하고 소란이 났다.

"바~안장! 김성화!"

반장과 나는 레슬링 선수들처럼 엉겨 붙어 떨어지지 않았다. 소식을 듣고 달려온 담임선생님은 화가 머리끝까지 나 있었다. 그런데 선생님은 반장에게는 위로를, 나에게는 야단만 치시는 것이었다. 중간에 잠깐 들어온 학생이 반장의 말을 안 듣는다고….

"김성화! 가방 싸서 집에 가!"

초등학교에 무슨 보스(반장)가 있나? 동등한 학생인데…. 나는 이미 사고방식이 미국화되어 버려 이해가 안 됐다. 가방을 싸서 교실 밖을 나오니 운동장은 텅 비어 있었다. 첫 시간 수업이 시작하기도 전에 나 혼자 일찍 집에 가려니 좀 쓸쓸했다.

학교에서 집까지는 걸어가기에 좀 멀었다. 우리가 익숙해질 때까지 등교할 때는 엄마가, 하교할 때에는 할머니가 우리를 버스로 데려다 주셨다. 동생이 좀 걱정됐지만 어쩔 수 없이, 나는 언젠가 한번 걸어갔던 기억을 더듬어 혼자 집으로 갔다.

학교가 끝나고 내 동생은 여느 때처럼 나를 기다리고 있었다. 그러자 내 친구들이 네 형은 친구와 싸워서 먼저 집에 갔다고 말해 주었다. 동생은 달랑 혼자 남겨져서 무서웠을 것이다. 형이 싸워서 코피까지 났다는 말을 들은 데다, 혼자서는 집으로 가는 길을 모르니 말이다. 동생은 할머니도 자신을 데리러 오지 않는 줄 알고 혼자 집으로 간다는 것이 그만 반대 방향으로 가 버렸다.

하필 그날따라 할머니도 바빠서 좀 늦게 학교에 도착했는데, 우리가 보이지 않자 교실과 수위실, 교무실로 다급하게 찾으러 다니다가, 교감 선생님께 도움을 요청하셨다고 한다. 아이들이 없어졌다고…. 교감 선생님은 마이크로 교내 방송을 했다.

"1학년 13반 담임 선생님! 교무실로 오십시오!"

그런데 이상하게도 1학년 담임 선생님들이 학교에 한 분도 보이지 않았다. 하필 그날 선생님들이 학년 모임을 하러 한꺼번에 다 식당에 가 버렸던 것이다. 학교가 발칵 뒤집혔다. 학생이 없어졌는데도 담임선생님이 그걸 모르고 있다니…. 더구나 교감 선생님 허락 없이 단체로 무단 외출을 한 것이었다. 도미노 현상처럼 줄줄이 문제가 되었다. 교감 선생님이 급히 경찰서로 전화를 걸자 경찰이 이렇게 말했다.

"그렇지 않아도 여기 한 아이가 울고 있는데, 뭘 물어도 통 말을 안 해요."

할머니는 부랴부랴 회기동 경찰서로 가셨다. 동생은 그 특유의 서러운 흐느낌으로 울고 있었다. 할머니는 반가운 것보다 화를 먼저 내셨다. 담임 선생님의 한탄이 귀에 메아리쳤기 때문이다.

"임시 학생 하나 때문에, 시말서까지 쓰게 되다니!"

걱정이나 사과보다 핀잔만 들은 할머니는 속이 상할 대로 상했다. 처음에는 담임 선생님이 동생 성훈이를 많이 칭찬해 주셨다. 성훈이는 담임 선생님이 교탁에 앉아서 사무를 보고 있으면 선생님 뒤로 가서 조그만 손으로 선생님 어깨를 야무지게 주물러 줬다고 한다. 또 선생님이 실내화를 갈아 신다가 구두를 떨어뜨리면 성훈이가 얼른 가서 주워 드렸다고 한다. 그렇게 내 동생 성훈이는 늘 남을 기쁘게 해 주려는 아이였다.

그 일 이후 우리는 더 이상 한국에 있는 학교를 가지 않고, 집에서 엄마에게 한글을 배웠다. 아빠와 엄마는 오래간만에 한국에 와서 교회를 방문하고 사람들을 만나느라 바빴다며 우리에게 미안하다고 했다. 우리는 학교에 안 가고 집에만 있으려니 심심했다. 그래서 할아버지와 할머니가 우리를 양평의 물 좋은 계곡에 데려가 주셨다. 김밥도 싸고, 맛있는 과자와 과일도 챙겨서…. "워 우~". 그곳 개울에는 올챙이와 개구리가 많았다. 나는 온몸이 물에 젖어도 아랑곳하지 않고 올챙이와 개구리를 될 수 있으면 많이 잡아 빈 통과 비닐봉지에 담았다. 바위와 돌멩이에 붙은 고동도 잡아넣었다.

나는 집에 오자마자 넓은 세숫대야에 옮겨 놓았다가, 다음날 당장

'개구리 장사'를 시작했다. 달력 뒷면에 가격을 써서 가지고 나갔다.

"개구리 한 마리에 천 원,

올챙이 열 마리에 오백 원,

고동은 보너스!!"

학교 가는 길목에 세숫대야를 놓고 떡하니 나는 개구리 장사 주인이 되어 손님을 기다렸다. 동네가 텅 비었는지 어린애들은 볼 수 없고 어른들은 아무도 거들떠보지 않았다. 외출을 다녀온 엄마가 할머니에게 내 소식을 전해 듣고 달려오셨다.

"아이고! 이렇게 비싸면 누가 사 가겠어?"

풀이 죽은 나를 엄마는 집으로 데리고 와서 함께 선탁을 짜 주었다. 먼저 광고문을 바꾸고 그 아래에는 아롱다롱 그림을 그렸다. 툭 튀어나온 개구리 눈, 길쭉하게 나온 혓바닥, 그 위엔 파리, 흔들거리는 올챙이 꼬리, 바위에 다닥다닥 붙은 고동….

"생물 공부의 산 경험!

고동은 선물!

올챙이 열 마리에 백 원, 개구리 한 마리에 오백 원!"

개구리를 살 경우 임시 먹이로 줄 금붕어 밥과, 상품을 담아 줄 비닐 팩도 준비했다. 자리는 비디오 가게 옆으로 정했다. 그때는 PC나 노트북이 보편화되기 전이라 비디오를 많이 보던 시대였다. 그리고 복덕방과 구멍가게 옆에 있는 전봇대에 광고문을 붙였다. 학교가 끝나는 시간이 되니까 아이들이 하나둘 지나가기 시작했다. 드디어 손님이 생기는 것 같았다. 이전에 내 짝이었던 친구가 나를 보고 다가왔다.

"다 팔지마! 피아노 학원 갔다 와서 나도 살게."

차츰 조무래기들도 모여와 구경하느라 떠날 줄을 몰랐다.

"오빠! 이거 어디서 잡았어? 오빠는 어디서 왔어?"

지나가던 어른들도 이런저런 말을 했다.

"애! 이거 누가 시켜서 하는 거야, 아니면 너 혼자서 생각해 낸 거야?"

"아이고! 조그만 게 동심은 어디 가고, 벌써부터 돈맛을 알아서…."

"애 좀 봐! 멀쩡하게 생겨서, 누가 시켰어? 쯧쯧쯧!"

나를 좀 아는 사람들도 지나갔다.

"아이고! 넌 미국에서 온 김 선생님 장손 아니냐?"

"애! 너 언제 왔어? 못 본 사이에 많이 컸네. 외국 살기 좋아? 거기서 이런 거 해 봤어?"

그때 아장아장 걷는 아기를 데리고 가던 아줌마가 신기한 눈으로 쳐다보았다.

"어머! 개구리 좀 봐! 요즘엔 도시에서 개구리 보기 힘든데…."

그러면서 개구리 한 마리를 사 주셨다. 개시를 한 것이다. 그때부터 나는 서서히 바빠지기 시작했다.

"오빠! 나도 돈 가지고 올게."

"엄마야! 개구리 봐라!"

"나도 줘!"

내 비즈니스 소식을 들은 우리 할아버지두 와 보셨다.

"하! 난 쟤가 재미로 잡는 줄 알았는데, 딴 속셈이 있었구면, 참!"

복덕방에 모여 계시던 할아버지들께서 모두 웃으셨다.

"허! 그 손자 놈! 할아버지 굶기지는 않겠소이다."

나는 호주머니에 모인 돈을 세어 보았다. 오천 원정도 되었다. 나는 남아 있는 개구리와 올챙이, 고동은 다음날 팔기로 하고 파장을 했다. 그 다음날은 전날보다 재미가 없었다. 그래서 아예 문방구에서 장난감 폭죽을 샀다. 결국 나는 개구리 장사는 모두 잊어버리고 폭죽놀이를 하는 데 정신을 다 빼앗겼다. 집에 갈 때는 개구리와 올챙이, 고동 남은 것을 친구들에게 다 나눠 줬다.

"아! 그때 너무 일찍 샴페인을 터뜨린 것 같다."

비즈니스에 재미를 붙인 나는 다른 물건을 만들었다. 아이디어는, 영어였다. 16절지 도화지를 이등분한 뒤, 그 반을 다시 접어 스테이플을 박으면 네 장이 되고 팔 페이지짜리 책자가 된다. 도화지 두 장을 이런 식으로 만들면 여덟 장이 되고, 열여섯 페이지짜리 조그만 책자를 만들수 있게 된다.

먼저 합 스무 권의 백지로 된 책을 만든 뒤, 재미있는 영어 그림동화를 만들어 갔다. 내가 창작한 내용에는 우리 가족 이야기, 미국 학교 이야기 등이 있고, 나머지는 잘 알려진 동화를 편집했다. "미운 오리 새끼", "생강빵", "인어공주" 등….

책 한 권 만드는 데 꽤 많은 시간이 걸렸다. 하루 종일 그리다가, 새벽 한 시 반이 되어도 끝나지 않자 그만 잠이 들었다. 날이 밝자 나머지를 다 완성한 후 손으로 만든 책 스무 권을 들고 외국어 대학교 후문 쪽으로 가서, 문방구 옆에 광고문을 붙였다.

"손으로 직접 만든 영어 소책자! 작은 책 오백 원, 큰 책 천 원"

하교 시간에 초중학생들이 지나갈 때마다 그들의 시선을 끌었다.

"영어 동화책 사세요. 제가 직접 만든 거예요."

"난 영어 학원 다녀."

"나도 영어 과외해."

나보다 큰 형이나 누나들은 피식 웃으면서 대꾸도 안 하고 지나갔다. 한 시간이 지나고 두 시간이 지나도 책은 한 권도 팔리지 않았다. 배도 고프고 지루해서 그냥 풀이 죽은 채 집으로 돌아왔다. 대문을 여니 손님들이 많이 와 계셨다. 할머니 교회 친구 분들께서 오신 것이다.

"이 집 손자가 왔네. 근데 너 손에 든 게 뭐냐?"

"장사 보따리요."

"뭐?"

할머니가 설명을 해 드렸다.

"응! 쟤가 밤새 책을 만들었지 뭐야. 판다고…."

"아이고 용타, 용해! 내가 사지! 울 손자에게 보여 줘야겠다."

무명의 소년 동화작가의 작품은 즉시 동이 났다. 더구나 어떤 할머니는 값을 두 배로 쳐 주기도 하고, 어떤 한 분은 만 원에 사 가기도 했다.

미국은 가정에서도 주말이면 차고 세일이나 마당 세일을 한다. 주로 이사 가기 전이나 대청소 후에 쓰던 물건들을 팔지만, 직접 구운 빵이나 과자, 피자를 커피나 차와 함께 팔기도 한다. 축제 분위기로 풍선도 달아놓고….

이런 판매를 통해 학교에서는 행사 기금을 학생들이 직접 마련할 수 있게 도와준다. 나는 이미 초콜릿 스물네 개가 든 박스를 들고 집집마다 팔아본 적이 있다. 다이어트를 하는 사람들이 많아서 겨우 두 개밖에 못 팔고 나머지는 할 수 없이 엄마가 다 사 주었지만 말이다.

좀 더 얘기해 보자면, 미국 초등학교에서는 학생들이 초콜릿 정도의 비즈니스로 모금 행사를 하지만, 고등학교는 사회 못지않다. 학생들이 학교 강단에서 연극공연을 해도 학부모와 학생들은 표를 사야 볼 수 있다. 특히 고등학교 삼 학년생들의 졸업여행기금 마련을 위해 여는 경매는 신나면서도 긴장감 도는 비즈니스로 학교 연례행사다.

졸업생들은 적어도 서너 개씩 품목을 기부해야 한다. 집에 있는 골동품, 장식품, 기념품 등 값이 될 만한 것을 내놓아야 한다. 경매에 붙일 홈메이드 음식도 가져오는데 치즈케이크, 초코쿠키, 한국음식으로는 김밥과 양념 닭날개 튀김, 중국음식으로는 스프링 롤 등이 등장한다.

경매장인 학교 강당에서는 사일런스 옥션(침묵경매)과 노이지 옥션(시끄러운 경매)이 함께 진행된다. 음식 같은 작은 품목들은 테이블에 전시해 놓고 침묵경매로 팔고, 값이 나가는 물품은 시끄러운 경매에 붙인다.

침묵경매는 각 물품마다 최저 가격이 적힌 페이퍼가 테이블에 미리 붙어 있다. 그 물품을 사고 싶은 사람들이 값을 조금씩 올려 적으면 가장 나중에 제일 좋은 값을 매긴 사람이 낙찰받는다.

시끄러운 경매는 흥정을 잘하는 선생님 한 분이 진행하는데, 각 물품에 대해 서로 경쟁심을 유발하여 가장 높은 값을 이끌어 낸다. 그러다 보니 눈치와 유머, 웃음 넘치는 열띤 흥정이 이루어진다. 낙찰 과정은 신나고 즐겁다.

내 고교 졸업 경매에는 엄마가 우리 집에 초대하는 한국 음식 디너 티켓을 내놓았다. 그때 싱글 선생님 여섯 명이 돈을 합해서 그 품목을 샀다.

엄마가 선생님들을 초대한 그날, 5인승 차 한 대가 우리 집에 도착했다.

"어? 여섯 분이 온다고 하셨는데, 다섯 분만 오셨네요."

우리 엄마가 의아한 표정으로 선생님들을 맞이한 그 순간, 차 트렁크 문이 열리더니 여섯 번째 선생님이 끙끙대며 내렸다. 그렇게 격의 없이 그들은 경매에서 낚은 품목, 한국 음식을 즐겼다.

졸업생들은 노동력을 팔아 모금을 하기도 했다. 우리는 이것을 노예라고 부른다. 예를 들어 베이비시터, 세차, 잔디 깎기, 피아노나 기타 레슨 등을 할 수 있다. 나도 하루 동안 노예로 팔려가 정원과 언덕배기 잔디를 깎은 적이 있다. 얼마나 힘든 노동이었는지, 신고 갔던 신발이 다 망가질 정도였다.

교사와 학생, 학부형들이 땀으로 모은 기금은 졸업 여행을 갈 때 사용된다. 비행기를 타고 가는데도 돈 한 푼 내지 않는다. 기금이 남으면 졸업여행 중 돈이 없는 학생들에게 조금씩 되돌려 주기도 한다.

그 힘든 노동의 추억이 비즈니스 마인드를 심어 준다. 돈을 버는 것은 쉬운 게 아니며, 어렵게 번 돈을 함부로 낭비하면 안 된다는 것을 깨닫게 해 준다. 이렇게 미국 사람들은 어려서부터 아이들에게 자립심을 키워 준다. 그리고 스스로 노력해서 정정당당하게 돈 버는 것을 자랑스러워한다.

우리나라에 다녀온 후로, 나와 동생은 좀 더 성장했다. 한국인으로서의 정체성과 긍지가 생겼다. 또 가족 친척들과 즐거운 추억을 쌓았다. 여름 동안 충전했던 에너지로 우리는 미국에 돌아와 다시 학교에 다녔다. 나는 5학년, 동생은 3학년이 되었다. 한번은 나보다 한 학년 낮은 샨이란 흑인아이가 복도에서 이렇게 말했다.

"너, 피 보고 싶지?"

"싸우고 싶다는 뜻이야?"

나는 왜 괜히 집적거리나 싶어서 대답과 동시에 샨을 밀었다. 그러자 샨이 교장 선생님께 가서 내가 자기를 세게 쳤다고 거짓 고자질을 했다. 나는 레이몬드 때문에 꾹 참았다. 그 친구도 흑인인데 내 편을 들어주면서 말했다.

"팀! 지금 싸우지 말고 방학하는 날 싸워! 지금 싸우면 벌 받잖아?"

어떻게 보면 맞는 말 같기도 했다. 방학하는 날 싸우면 벌을 받아봤자니까. 그러고 보니 흑인 가정에서는 부모들이 그렇게 말하는 것 같기도 하다. 내가 이전에 흑인아이들 다섯 명에게 몰매를 맞았던 날도 방학하는 날이었으니까.

미국에서 가장 조심하고 경계하는 것 중에 하나는 인종주의다. 다른 역사와 문화 배경을 가진 민족, 인종을 이해하고 그들과 더불어 살아가기 위해 학교교육이 있는 것이다. 하여튼 우리나라에서는 싸우면서 큰다고 하는데, 미국에서는 조그만 것도 교장 선생님한테 이르고 또 불려가니 조심스럽다.

엄마는 밸리 칼리지에서, 1학점에 1불이 드는 수업인, '영어 전략'이란 수업을 들었다. 거기서 알게 된 엄마친구 노리꼬 아주머니는 일본인인데, 아들이 두 명 있었다. 필립은 나와 동갑이고, 아더는 내 동생과 동갑인데 자폐증이 있었다.

노리꼬 아주머니는 월요일 저녁마다 우리 집에 필립을 맡겨 두고, 아더를 데리고 샌버나디노 주립대학에 있는 자폐증 어린이들을 위한 수업에 갔다. 나는 엄마가 자원봉사를 하러 가는 날 필립과 함께 그곳에 한

번 따라가 보았다. 스무 명 정도의 자폐증 아이들이 있었다. 한 아이마다 한 선생님이 맡아서 가르치고, 자원봉사자들은 옆에서 지켜보다가 예기치 않은 일이 생기면 즉시 도왔다.

그곳은 교실이 넓었는데 여러 개의 작은 칸으로 공간이 나뉘어 있었다. 각 칸마다 컴퓨터나 학습용 도구들이 갖춰 있었는데 나무, 플라스틱, 고무 등으로 만들어진 놀이 도구였다. 그곳에서는 산술이나 교통법규 같은 것을 가르쳤다. 대부분이 즐거운 게임으로 진행됐지만, 어떤 아이들은 괴성을 지르거나, 갑자기 설사를 하기도 했다. 그러면 자원봉사자가 급히 옷을 갈아입힌 뒤 옷과 신발을 빨아 왔다. 그날의 교육과정과 아이의 반응은 각자 비디오를 통해 촬영되었다. 그것은 나중에 분석해서 다음 수업에 참고하는 것이라고 했다.

자폐증 아이의 가족들은 다른 교실에서 모임을 가졌다. 일주일간 특별히 힘들었던 일, 아이의 변화 등을 돌아가면서 털어놓았다. 얘기 도중 여기저기서 울기도 하고, 또는 기뻐서 박수를 치며 폭소를 터뜨리기도 했다. 한 주간 억눌렸던 마음들을 다 풀어놓는 것 같았다. 노리꼬 아주머니 차례였다.

"지난 주 아더는 돈 셈하는 것을 복습시켰는데, 돈을 슬쩍하지 뭐예요?"

"그건 돈의 가치를 알고 있다는 뜻이죠."

"허락 없이 가져가는 것은 나쁘다는 걸 인지시켜야 해요."

"함께 가게에 가서 아더가 직접 물건 사는 법을 익히게 하는 것도 좋죠."

상담원이 설명을 해 주자, 비슷한 경험을 가진 부모들이 서로 공감해 주고 의견을 내놓았다. 그들은 그렇게 서로 위로해 주면서 다시금 희망을 찾았다.

아더는 우리 집에 와서 놀 때 보면 말은 알아듣는 거 같은데, 대답은 거의 하지 않았다. 그리고 우리가 노래를 부르거나 음악을 틀어놓으면 귀를 막았다. 특히 소프라노음을 듣기 싫어했다. 그래도 피아노를 쾅쾅 치기 좋아했는데, 노리꼬 아주머니가 야단을 치면 혼자 몸을 앞뒤로 끄덕끄덕 계속 흔들었다. 가위로 오리기를 좋아했는데, 신문에서 오린 글자를 다른 곳에 붙여놓기도 잘했다. 평소에는 잘 웃지 않는 편인데, 우리 집 크리스마스 트리 앞에서는 엎드려 기쁘게 웃었다.

노리꼬 아주머니는 우리가 자기 아이들과 놀아 주는 것에 대해 늘 고마워했다. 그래서 일부러 멀리 있는 한인 마켓에 가서 한국 과자를 사 주시기도 했다. 노리꼬 아주머니는 우리 집에서 좀 더 놀다가고 싶어도 늘 서둘러 갔다. 한번 늦었다가 필립 아버지가 911에 신고해서 경찰이 출동한 적이 있었기 때문이다.

그 후 한동안 노리꼬 아주머니와 필립, 아더가 우리 집에 오지 않았다. 우리는 나중에서야 필립 아버지께서 돌아가셨다는 것을 알게 되었다. 필립 아버지는 일흔다섯에 돌아가셨다. 노리꼬 아주머니보다 서른 살 이상 나이가 많았다. 지금쯤 필립과 아더도 청년이 됐을 텐데, 보고 싶다.

어느 날 밤늦게 엄마랑 마켓을 갔다. 주차장에 차들이 많지 않아 더욱 넓어 보였다. 쿵쿵 소리가 나서 보니 남학생들이 스케이트 보드를 타고 있었다. 주차장에는 차 한 대 간격으로 시멘트 턱이 있었는데, 그것을 마치 장애물 경기처럼 스릴 있게 뛰어넘었다. 그중에 한 명이 눈에 띄었는데, 유난히 키가 작은데다 스케이트 보드가 휙 돌 때 가로등에 비친 얼굴이 이상했다.

"엄마! 저 형 좀 봐."

"응! 조로증에 걸렸구나. 호르몬의 이상으로 빨리 늙는 병이야.

참 고마운 친구들이네. 친구를 위해서 이렇게 밤늦게 나와서 함께 놀아 주니…. 봐라! 병에 걸렸어도 저렇게 떳떳이 친구들과 잘 어울리잖니? 너도 친구가 없다고 하지 말고, 네가 먼저 좋은 친구가 되어 줘."

한번은 밤 12시가 넘어도 아빠와 엄마가 집에 오시지 않았다.

"곧 갈게!"

'곧'이란 약속이 무색하게 벌써 네 시간이 지나고 있었다. 아까 전화했을 때는 우리에게 먼저 자라고 했지만, 부모님이 없으니 잠이 안 왔다. 나는 차고에 불을 켰다. 차가 놓여 있던 자리가 휑하니 비어 있었다. 나는 벽에 비스듬히 세워 놓은 자전거를 일으켜 세웠다.

"부러져 나간 헤드라이트를 어떻게 하지?

밤중에는 꼭 있어야 하는데…."

손전등을 찾아 자전거 앞에 핸들과 연결하여 스카치테이프로 든든히 붙였다. 그런 뒤 동생에게 말했다.

"성훈아! 너 여기서 기다리고 있어. 형이 빨리 가서 아빠랑 엄마 데려올게."

"빨리 와, 형!"

"알았어! 내가 나가면 차고 문 닫아. 알겠지?"

동생은 안 무서운 척했지만, 집안의 불이란 불은 다 켜 놓고 있었다. 나는 차고 문이 내려가는 것을 보면서 페달을 힘차게 밟았다. 자전거를 타고 캄캄한 밤 피터팬처럼 용감하게 날아갔다. 어떤 집 잔디에 켜 있는 꼬마등은 마치 팅커벨 같았다.

노스 파크 블로바드는 샌버나디노 주립대학으로 가는 큰 길이라서 그 시간에도 가끔씩 차들이 지나갔다. 차가 지나갈 때면 길이 환해졌다가 또다시 캄캄해지곤 했다. 주택가를 따라 뻗어 있는 잔디밭과 화단에는 스프링쿨러가 칙칙칙 규칙적인 소리를 내며 물을 뿌려 주고 있었다. 밤새 물을 듬뿍 먹은 나무와 잔디, 꽃들은 나팔꽃 이름처럼 아침마다 창조주의 영광을 드러내는 것 같았다.

스프링쿨러에서 나오는 물이 자전거로 달리는 내 안경에까지 튀었다. 내 얼굴에는 땀과 물이 범벅이 되어 흘러내렸지만, 페달을 멈출 수 없었다. '동생이 혼자서 기다리고 있는데….' 아빠와 엄마는 공부하는 것이 어려워서 학교 선배 집에 도움을 받으러 간 것이었다. 그 집에는 외동딸, 수잔 누나가 있었다.

갑자기 추억 하나가 떠올랐다. 외할아버지와 외할머니가 헝가리에 오셨을 때 이웃 국가인 오스트리아에 간 적이 있었다. 모차르트가 태어난 잘츠부르크의 '물의 궁전'에 갔었는데, 거기에는 중세 시대 신부들이 회의할 때 사용했던 대리석 테이블과 의자가 정원에 놓여 있었다. 그 당시 회의를 하기 위해 신부들이 쭉 둘러 앉아 있으면 주교가 장난삼아 버튼 하나를 꾹 눌렀다고 한다. 그러면 의자마다 뚫려 있는 조그만 구멍으로 물이 나와 신부들의 엉덩이를 다 적셨다고 한다.

그런데 관광 아내원이 그 얘기는 나중에 해 주고, 그냥 그 의자에 앉아 볼 '용감한 사람'이 있으면 나오라고 했다. 외국 관광객들이 우르르 의자 앞으로 나갔다. 그러자 가이드가 그들을 보고 용감한 사람이라고 치켜세운 뒤 들어가게 했다. 이번에는 '진짜 용감한 사람'만 나오라고 했다. 나는 진짜라는 말에 진짜 앞으로 나갔다. 진짜 용감한 사람들이 의자에 앉자, 가이드가 버튼을 꾹 눌렀다. 순식간에 솟아난 물줄기가 진짜 용감한 사람들의 엉덩이를 다 적셨다. 궁금하게 지켜보던 관중들이 한바탕 폭소를 터뜨렸다.

그때 생각을 떠올리니 무서움이 사라지고 슬며시 웃음도 나왔다. 계속 페달을 밟고 달렸다. 이제 어느 정도 다 온 것 같은데, 어두워서 어느 블록으로 가야 하는지 알송달송했다. 아! 오렌지 길! 저기다!

"딩동!"

"아니? 이 밤중에 누가?"

아빠 친구의 음성이 들렸다. 문이 열리자, 거실의 둥근 테이블 앞에 아빠와 엄마가 보였다. 모두 눈이 휘둥그레졌다.

"팀!" 어른들이 동시에 일어나며 내 이름을 불렀다.

"아들아!" 엄마가 달려와 나를 껴안았다. 그제야 나는 뿌옇게 된 안경을 벗어 스프링클러가 튀긴 물과 땀을 닦아 냈다. 아빠와 엄마는 아직 끝나지 않은 공부로 수북이 펼쳐 있는 책들을 끌어모아 가방에 담고, 인사를 나눈 뒤 그 집을 나왔다.

"성화야! 너 정말 대단해!"

아빠와 엄마는 내 용기에 감탄을 하면서도 미안해하고, 또 동생을 걱정하셨다. 아까 내가 자전거로 달렸던 길을 아빠는 차로 운전해 갔다. 트렁크에 다 들어가지 않아서 고개를 삐죽 밖으로 내민 내 자전거와, 안도의 숨을 쉬는 나를 태우고….

"아빠! 빨리 가요! 성훈이가 기다려요."

그 해 가을, 아빠는 목사가 되었다. 미국 신학대학원 공부와 병행하던 한국 신대원 공부가 먼저 끝나, 강도사 시험을 거친 후, 이제까지 대학생 선교회에서의 사역과 헝가리 선교사로서의 사역을 인정받아 목사 안수를 받았다.

1997년 9월, 나는 6학년이 되고 동생은 4학년이 되었다. 담임 선생님이 바뀌었는데 대학을 갓 나온 신참 여교사로, 이름이 노이즈였다. 학생들은 "미스 노이즈"라고 불렀다. 발음이 노이즈(noise: 소음)와 같아서 처음에 아이들은 킥킥 웃었다.

개학을 하자마자, 선생님은 학생들을 통솔하고자 조금만 떠든다 싶으면 "너 교장 선생님께 일러바친다."라고 엄포를 놓거나, 칠판에 이름을 적었다. 칠판에 이름이 세 번 적히면 교장 선생님께 불려간다고 했다.

한번은 선생님이 과제를 내 줄 때, 나는 좀 더 확실히 알아보려고 친구에게 물어봤는데, 선생님이 칠판에 내 이름을 적었다. 선생님은, 수업 중에 아직 말하고 있는데 네가 옆 친구와 얘기한 것은 자신을 무시한 것이라고 했다. 나는 다음부터는 남이 말할 때 끝까지 들어야겠다고 마음 깊이 깨달았다.

하지만 나는 얼마 전 중학교 리딩 선생님으로 전근 가신, 이전 담임 선생님인 미시즈 매팅리가 그리웠다. 그분은 우리를 인격적으로 대해 주셨는데, 그분이라면 아마 이렇게 말했을 것이다.

"팀! 선생님이 과제에 대해 설명하고 있는데, 질문 있어?"

나는 옛날 생각이 나서 좀 우울해졌다. 미스 노이즈는 내 표정이 자기 말에 동의하지 않는 것으로 이해했다. 자기 말이 틀렸는지 교장 선생님께 항의해 보라고 했다. 그러더니 교장 선생님이 엄마를 호출했다.

"팀은 투렛 증후군이 있는 것 같습니다.

정신병원에 한번 데려가 보십시오."

"예? 투렛 증후군이 뭡니까? 사전을 찾아보고 싶으니 단어를 좀 적어 주세요."

엄마는 증후군이란 말은 알겠지만 투렛이라는 말은 처음 듣는데다가 정신병원까지 들먹이니 잔뜩 겁에 질려 집에 오자마자 사전을 찾아보았다.

"Tourettes; making noises. Jerking, touching"

(투렛; 시끄럽게 하고, 급격히 움직이며, 남을 건드림)

"참! 우리 애가 좀 활발한 걸 가지고 투렛 증후군이라니? 세상에…."

그러면 활동적인 사람들은 모두 투렛 증후군인가? 아이를 무슨 환자 취급하네…."

엄마는 겁이 다 난다면서 앞으로 주의하라고 했다.

"남이 말하고 있는 중에는 기다려 줘야 해. 말이 다 끝난 뒤에 물어봐. 알았지?"

두 번째는 왜 내가 칠판에 이름이 적혔는지도 모르겠다.

나는 조심했음에도 불구하고 칠판에 세 번째 이름이 적히고 말았다. 그것은 체육시간이 돼서 내가 사람들이 못 보게 커튼 뒤에서 체육복을 갈아입고 나왔는데, 한 개구쟁이 아이가 내 팬티 색깔이 여자 것처럼 빨

갖다고 친구들에게 거짓말을 하면서 놀리는 바람에 시비가 붙은 것이었다.

"네가 언제 봤어? 나 빨간색 팬티 안 입었어."

"봤어, 봤어! 아니면, 체육복 벗어봐!"

여학생들도 있는데 남자 체면에 바지를 벗을 수는 없었다. 선생님은 그 상황을 물어보기는커녕 서로 시비가 붙었다고 칠판에 이름을 적었다. 불난 집에 부채질을 해도 유분수지, 나는 화가 치밀어서 그만 혼잣말로 욕을 하고 말았다. 욕의 느낌도 잘 모르면서 아이들을 따라 사용한 것이다. 교장실에 엄마가 또 호출됐다. 그 사이 교장 선생님이 바뀌었는데 여자 교장 선생님이었다.

"제 아들이 욕한 건, 정말 죄송합니다! 용서해 주십시오! 아들이 빨간 팬티를 입은 것도 아닌데 놀림을 받아 억울해서 그랬으니 이해해 주십시오."

엄마의 말에 교장 선생님은 억울하면 교육구에 가서 말하라며 전화번호를 줬다. 엄마는 다시 한 번 사과와 감사 인사를 드린 후 집으로 돌아왔다. 그날 저녁에 아빠가 나를 불렀다. 내가 욕했다는 사실을 엄마에게 들은 아빠는 나에게 매를 들었다.

"거기 올라가! 몇 대 맞을래?"

"잘못했어요! 아빠! 한 번만 용서해 주세요. 다시는 안 그럴게요."

"아빠가 몇 대면 되겠느냐고 물었지?"

"한 대요."

"그래? 아빠 생각에는 다섯 대는 맞아야겠다. 큰 소리로 세어라."

"예!"

어쩔 수 없이 "예" 하고 대답했지만, 옆에 계신 엄마가 나를 구해 줄 것이라 생각했다. 그런데 엄마는 안방으로 들어가서 나오지 않았다. 의자 위에 바지를 걸고 서서, 맨 살에 나무 회초리로 매를 맞는데 너무 아파서 숫자를 셀 때마다 비명이 튀어나왔다.

"아야! 악! 윽!"

매를 다 맞고 내가 우는 소리에 엄마는 안쓰러웠는지 얼른 나와 내 종아리에 바셀린을 발라 주었다. 그리고 아빠의 명령에 따라 미스 노이즈 선생님께는 사과 편지를, 교장 선생님이신 미시즈 크발홈께는 감사 편지를 써서, 그 다음 날 두 분께 공손히 갖다드렸다.

엄마는 교사였기 때문에 외국 교육에도 관심이 많았다. 엄마는 교장 선생님이 가르쳐 주신 대로 교육구에 전화해서 청소년 담당 책임자인 미스터 카도나 씨를 만나기로 했다. 엄마는 미리 나눌 대화의 요점을 수첩에 적어 갔다.

1. 만나 주신 것, 감사 인사
2. 이번 방문이 미국 교육제도를 배울 수 있는 기회가 된 것, 감사
3. 두 가지 양해를 구할 것
   - 아들에 대해서
   - 선생님에 대해서
   1) 아들에 대해서 세 가지 요점
   (1) 그의 잘못을 인정하고 사과드림
   (2) 그의 성장 배경을 이해시켜 드림: 여러 나라로, 잦은 이사
   (3) 그의 노력과 잠재력: 우정을 쌓아 나가기, 공부 열심히 하기

2) 선생님에 대해서 두 가지 요점

  (1) 가르치는 방법: 긍정적인 방법과 부정적인 방법

  (2) 선생님의 역할: 학문적인 것 외 학생들을 격려하고 가능성을
끌어 내기, 지도력과 포용력

교육구 사무실에 엄마는 약속 시간보다 먼저 가서 기다렸다. 누군가 멀리서 엄마를 관찰했다. 바로 카도나 씨였다. 그분은 나에 대한 정보를 컴퓨터로 다 뽑아와서 엄마에게 보여 주었다. 엄마는 무척 놀랐다. 성적뿐만 아니라, 행동, 태도, 칠판에 이름이 세 번 적힌 것까지 다 기록이 돼 있었다. 심지어 어떤 욕을 했는지까지 적혀 있었다.

엄마는 카도나 씨에게 준비해 간 내용을 다 말한 후, 그분의 의견을 들었다. 미국 학교 규율은 여섯 번 경고를 받으면 견학을 못 가게 되고, 또 몇 번 더 경고를 받으면 정기 휴학, 퇴학 등의 조치를 받는다고 했다. 그리고 미국 교육 시스템에 대해 설명해 주었다. 학부모와 교사 연합회에서 학교와 학생들을 지원하는 일, 학생들의 특별활동 등….

그 일이 있고 일주일쯤 후에 나는 만 열두 살이 되었다. 졸업식이 점점 다가오고 있었다. 우리 학교에는 나와 동생 외에 한국인으로 조엔과 도날드 남매가 있었다. 우리보다 각각 한 학년이 낮았지만 부모님들끼리도 친하게 지냈다. 그래서 내 생일날에는 두 가족이 함께 "타이타닉" 영화를 보러 가기도 했다. 그날 나의 저널에는 이렇게 썼다.

"1912년 타이타닉 배는 2,228명을 태웠다. 그중 705명이 구조되었고, 1,523명이 죽었다. 타이타닉 난파선이 1985년 대서양의 수면 밑 2.5 마일(4km) 아래에서 발견되었다. 그 난파선을 끌어올리려는 모든 시도

가 실패했다."

우리가 잘못해서 받는 벌과 매는, 우리의 인생이 파선하지 않기 위해서 미리 받는 경고와 같다. 나는 그때 욕을 해서 아빠한테 처음 매를 맞은 이후로 다시는 욕을 하지 않는다. 나는 사춘기 때 한 번 더 아빠한테 회초리를 맞게 된다.

엄마 제자였던 소영이 누나가 우리 집에 왔다. 나와 나이 차이가 많이 났지만 누나라고 불렀다. 에스비에스 방송국 아나운서를 했던 누나가 곧 결혼을 할 거라고 했다. 엄마가 소영이 누나를 데리고 조수아 국립공원에 간 사이, 아빠가 전화 한 통을 받았다.

"감사합니다! 할렐루야!"

전화를 끊은 아빠는 무릎을 꿇고 두 손을 든 채 기도를 했다. 그 후 일어나더니 벽에 걸려 있던 큰 세계지도를 내렸다. 그리고 그 뒷면에다 사이펜으로 굵은 글씨를 쓰기 시작했다.

"축! 중앙일보 98 신춘문예 당선"

그리고 아빠는 싱글벙글 엄마에게 줄 꽃다발을 사러 갔다. 엄마가 쓴 "바람추억"이란 글이 1998년 중앙일보 신춘문예의 논픽션 부문 공모전에서 당선됐던 것이다. 엄마와 소영이 누나가 집에 오자 아빠는 엄마에게 꽃다발부터 "짠" 하고 내밀었다. 얼떨떨해하는 엄마를 집안으로 데리고 와서 벽을 가리켰다. 축하 글을 본 엄마는 펄쩍펄쩍 뛰었다.

"소식이 없어서 떨어진 줄 알았는데… 소영이 있을 때 들으니 더 기쁘네."

시상식에는 엄마와 소영이 누나가 함께 갔다.

그리고 며칠 후 소영이 누나의 약혼자인 더글라스 형도 우리 집에 왔다. 형도 한국 사람이지만 어릴 때 캐나다로 이민 갔고, 또 다른 나라에서도 살아봤기 때문에 TCK인 나와 잘 통했다. 우리는 레이크 애로우헤드에 올라가서 맥도날드에서 점심을 먹으며 팔씨름을 했다. 형은 하키 선수를 했기 때문에 몸이 좋아서, 나의 선망 대상이 됐다.

　　"팀! 다 그렇지만 말이야. 나도 아르바이트를 하면서 공부했어. 소시지 만드는 과정도 다 알아. 거기서 일했거든. 돼지 잡는 것부터 말이야."

　　"히야~ 형 진짜 힘세네요."

　　그 다음 날 형은 일 때문에 뉴욕으로 떠나고, 누나는 며칠 뒤 한국으로 돌아갔다. 그 후 더글라스 형과 소영이 누나는 결혼을 했다. 내게 친형이 있으면 좋겠다는 생각이 들었다.

바람추억

개인성장 수업시간이었다. 교수님은 여러 권의 책을 쓴 작가이지만 수업시간에 좀처럼 자기 작품을 소개하지 않았다. 그런데 한번은 그녀가 심한 감기로 학교를 결근했을 때, 교수님 대신 수업을 해 주신 분이 다음과 같이 책의 스토리 중 한 부분을 읽어 주셨다.

소녀는 먹는 데 너무 관심이 없어 늘 젓가락같이 말라 있었다. 한번은 무척 바람이 세게 부는 날, 소녀의 엄마가 말했다.

"바람은 눈이 있어. 너처럼 안 먹는 아일 날려 버릴 기회를 보고 있단다."

그때 소녀의 통통한 언니가 덩달아 말했다.

"바람은 이빨도 있어. 너같이 마른 아이는 금방 깨물어 먹는단다."

공포에 질린 소녀는 이웃집으로 놀러 가려고 나왔다가 정말 바람에 날아갈 뻔한다. 소녀는 가까스로 나무를 껴안은 채 한 발자국도 못 때고 울고 만다.

바람의 눈과 이빨이 그녀를 금방이라도 삼켜 버릴 듯 으르렁거렸다. 그때 마침 지나가던 아저씨가 소녀를 구해 준다.

"나무처럼 용기가 있어야지!"

"용기가 뭐예요? 아저씨! 나도 용기 좀 주세요. 네?"

"용기는 땅 속 깊이 뿌리에 있지. 너도 네 마음에 용기를 깊이 뿌리 내려야 하는 거야."

거기까지 읽어 준 교수는 칠판에 과제 하나를 써 놓고 교실을 나 갔다.

"바람의 이미지, 자기 고향의 바람에 대한 에세이를 써서 낼 것!"

'바람이라… 고향 바람이라…'

나는 한국의 바람이 지금 미국에 있는 나에게 더구나 내 개인 성장에 어떤 상관이 있나 생각해 보며 천천히 교실을 한번 훑어보았다. 피부와 나이, 문화적 배경, 국적이 다양한 여러 학생들이 모두 열심히 작문에 몰 입했다. 마침 뒤쪽에 앉은 영혜 씨와 눈이 마주쳤다. 그녀는 젊고 발랄한 미소를 내게 싱긋 보이며 입모양으로 말했다.

"신바람! 바람, 기!"

아직 이십 대인 그녀의 기발한 아이디어에 놀라며 사십대 문지방을 넘어선 나는 머쓱하게 웃었다.

바람! 자연 중에서도 유독 눈에 보이진 않지만 그 위력이 느껴지는 불가사의. 그래서 바람에 대한 사연은 참 많은 것 같다. 나는 영화 "토네 이도"에서 바람이 일으킨 세 회오리의 그 신비한 아름다움을 기억한다.

영화 "영국인 환자"에서는 영국인 캐서린을 불륜으로 흠모하는 형 가리인 백작 알마시가 사막의 바람에 갇히자 바람에 대한 얘기를 들려 준다.

"모로코 남쪽에 부는 회오리바람 '아제지'는 농부들이 칼로 막고, 튜 니스의 '기볼리'란 바람은 구르고 굴러 성질이 포악해요. '하르마탄'이란 붉은 바람은 영국 남쪽 해안을 뒤덮어 마치 쏟아지는 피처럼 보이게 했 어요. 또 어느 나라에서는 '사이문'이란 바람이 불 때 악마라며 전쟁을 선포하고 완전무장을 한 채 칼을 높이 들고 출정했대요."

잠시 영화 장면을 떠올리게 했던 바람이란 소재가 내 잠재의식의 세계를 바람처럼 이리저리 떠돌았다. 연상의 리듬을 타고. 마침내 한 기억을 만나 내 의식의 세계로 기분 좋게 둥둥 떠오르는 바람추억. 바람이 쓸고 간 폐허 위의 나! 그리고 그때 유행했던 노랫소리!

"분다! 분다! 사라호 분다! 붐붐붐!"

나는 어릴 때부터 '먹는 것'을 유달리 좋아했다. 다행히 우리 아버지는 농장을 하셨기 때문에 먹을 것이 많은 편이었다. 나는 특히 양계장을 지날 때마다 따뜻한 계란을 집어 이빨로 콕콕 구멍을 낸 뒤 생으로 먹곤 했다. 그것도 대여섯 개나. 한국전쟁이 끝난 뒤인 베이비붐 시대에 태어난 나는, 그 당시 뚱뚱한 아이를 보기 힘든 시절에, 유난히 우량아였다.

추수의 계절, 한국의 가을에 풍년이 찾아왔다. 전쟁도 지나가고 땀 흘린 만큼 결실도 맺어 훈훈해진 순박한 마음들이 명절인 추석을 준비하고 있었다. 그 해 추석이 점점 다가오고 있었다. 그때 우리 엄마는 임신 중이었는데 엄마의 배도 추석이 다가올수록 점점 불러왔다. 나는 배 속 아기까지 포함해서 여섯 남매 중 넷째였다.

추석 하루 전날, 이모들이 추석잔치 준비를 위해 우리 집으로 왔다. 우리 집이 큰집이어서 명절이면 친척들이 우리 집에 모이곤 했다. 히루 종일 음식 냄새가 솔솔 집안에서 진동했고, 나는 예쁘고 먹음직스러운 음식이 만들어질 때마다 침을 삼켜야 했다.

밤이 되었는데 이모들이 말했다.

"너희들, 만약 송편을 안 만들고 잠들면 눈썹이 하얗게 변해 버린다."

못난 송편은 누가 빚은 것인지 확인한 후 상 위에 하얗게 줄을 세웠다. 그러나 결국 나는 꾸벅꾸벅 졸다가 그만 잠이 들었다. 쌀가루로 내 눈썹이 하얗게 칠해지는 줄도 모르고….

다음날 아침, 드디어 기다리고 기다리던 추석날이었다. 우리 대가족은 모두 예쁜 옷을 차려 입고 추석 상을 따라 둥그렇게 앉았다. 먼저 우리는 아버지를 따라 감사예배를 드렸다. 아버지는 하나님께 감사를 드린 후 덧붙여서 엄마가 아기를 순산케 해 달라고 기도하셨다.

감사예배가 끝나고 드디어 내가 고대하던 식사 시간이 되었다. 이모들이 국을 퍼서 돌렸다. 나는 뭘 먼저 먹을까 생각하며 비좁은 식탁에 끼어들었다.

그때였다. 갑자기 우리 집 지붕이 휑하니 뚫리더니 식탁이 공중으로 빨려가듯 순식간에 날아가 버렸다. 아! 그 맛있는 음식들이. 어떤 것은 공중에서 떨어졌다.

태평양에서 불어온 태풍이 한반도를 강타했던 것이다. 더구나 부산 항구가 눈 아래 보이는 구덕산 기슭에 있던 우리 집은 가장 좋은 바람의 먹잇감이었다.

"오! 내 음식, 내… 바람과 함께 사라졌어요!"

그 바람은 역사적인 태풍 '사라호'였다. 아브라함의 아내로 '열국의 어머니'란 뜻의 이름을 지닌 '사라!'. 그 우아한 이름을 지닌 여성 바람은 날쌘 손톱으로 추석날 아침을 그렇게 할퀴고 지나갔다.

바로 그때였다.

"으아아항!"

작은 방에서 방금 태어난 내 여동생의 울음소리가 막 들려왔다. 우리 엄마가 막내딸을 낳은 것이었다.

그 후 우리 형제자매들은 자라면서 종종 막내를 장난삼아 놀려 주곤
했다.

"넌 사라호 태풍이 데려온 아이야!"

이렇게 내 고향의 바람은 추석날 맛있는 음식을 가져가는 대신 놀라
운 선물을 주고 간 추억으로 남아 있다. 그것은 바로 내가 황당한 일을
당할 때도 그것을 보상할 만한 어떤 일이 꼭 주어질 것이라는 믿음을 낳
게끔 했다.

나는 "바람추억"이란 제목을 붙인 에세이를 교수님의 과제물함에 넣
은 후 조용히 교실을 빠져 나왔다. 그리고 캠퍼스 주차장에 세워 둔 내
차, 나의 휴식 공간으로 들어갔다. 내가 좋아하는 노래 "향수"를 틀고 습
관처럼 의자에 비스듬히 기대었다.

"… 질화로의 재가 식어지면/ 비인 밭에 밤바람 소리 말을 달리고,
엷은 조름에 겨운 늙으신 아버지가/ 짚베개를 돋아 고이시는 곳…"
시인 정지용의 고향에서 부는 바람은 달리는 말발굽 소리였구나!

우리 아버지도 이제 많이 늙으셨지! 우리 집 막내가 벌써 두 아이를
둔 엄마가 되어 있으니. 향수는 어느덧 내 고향 길 대신동 골목으로 향하
고 있었다.

나는 다음 수업시간이 시작할 때까지 차 안에서 캠퍼스의 소나무에
머문 바람을 응시하고 있었다.

우리 엄마, 서명희 (1998 미주 중앙일보 신춘문예 당선작)

우리 학교에서는 졸업식을 앞두고 댄스 파티가 있었다. 아리랑 춤밖에 모르는 엄마는 나보다 더 걱정했다. 더구나 파트너를 구해야 하는데, 나는 일주일째 고민만 하고 있었다.

'나만 파트너가 없으면 어떡하지?'

내가 뚱뚱해서 아무도 파트너가 되어 주지 않을 것만 같았다. 초등학교 6학년생이 64킬로그램이라면 누가 좋아할까? 나는 곧바로 다이어트에 돌입했다. 배고픔을 참고 땀을 뻘뻘 흘리면서 4일 만에 2.5킬로그램을 뺐지만, 더는 못하겠다 싶었다. 오죽하면 입술이 다 부르텄을까. 할아버지와 할머니도 아빠의 ISOT 신대원 졸업과 내 졸업을 축하해 주러 오셨다. 그러면서 우리 가족 모두가 내 댄스 파트너를 고민하며 기도하게 되었다.

"네가 직접 조엔에게 신청해!"

엄마가 조언을 해 주었다. 우리 학교에서 유일한 한국인 여학생 조엔은 나보다 한 살 어려서 5학년이지만, 댄스 파트너로서 학년은 상관없었다. 나는 프러포즈를 하기 위해 엄마와 동생과 함께 조엔 집에 갔다. 엄마들은 거실에서 차를 마시며 얘기를 나누었고, 내 동생과 도날드는 신이 나서 뒷마당에서 뛰어 놀았다.

나는 조엔에게 할 말이 있다고 불러서 뒷마당 큰 나무 밑으로 갔다. 조엔은 벌써 눈치를 챘는지 나무에 대롱대롱 달려서 나를 피하는 것 같았다. 나도 말 꺼내기가 무척 어색해서 땀을 다 흘렸다. 하지만 이틀밖에 남지 않아서 더는 미룰 수가 없었다.

"노!"

어렵디 어렵게 파트너 신청을 했는데, 조엔은 딱 한마디로 거절했다.

가슴이 쿵 내려앉고 창피했다. 거절당한 그 기분, 정말 비참했다. 나는 엄마와 동생과 함께 패잔병처럼 집으로 걸어왔다. 눈에서 닭똥 같은 눈물이 뚝뚝 떨어졌다.

"난 못났어! 너무 뚱뚱해! 삼겹살이야! 배둘레햄이야!"

그렇게 많이 울어보기는 처음인 것 같았다. 나는 너무 서럽고 슬펐다.

"누가 우리 성화를…."

"뚱뚱하다고 걱정하지마! 살은 다 키로 가는 거야."

할아버지와 할머니도 장손이 최고인 줄로만 알고 있었는데, 파트너 신청에 거절당하자 속상하셨는지 나를 어떻게 위로해야 할지를 몰랐다. 모두 내게 전염되어 기가 죽어 있었다. 그날 밤 늦게 전화가 왔다. 나는 울다 지쳐 기진맥진한 채 힘없이 전화를 받았다. 조엔이었다.

"예스!"

조엔이 허락한 것이다. 아마 그 부모님이 설득시킨 것 같았다.

"내가 춤을 출 줄 몰라서 그랬어."

내가 전화를 끊고 씨익 웃자, 모두들 긴장해 있다가, 휴! 하고 한숨을 돌렸다.

"야호!"

우리 가족 모두 안심했다. 조엔과 도날드 가족은, 우리 가족과 미국에서 베스트 프렌드가 됐다.

드디어 6월 12일이 되었다. 그날은 참 긴 하루였다. 오전 11시까지 아빠의 신대원 졸업 축하 오찬에 가야 했다. 그래서 나는 서무실에 가서

102

외출 허락을 받았다. 그리고 아빠 양복을 빌려 입었다. 넥타이는 할아버지가 매 주셨다. 동생은 나비넥타이를 맸다.

케스트웨이 레스토랑은 언덕 위에 있었다. 그곳에는 넓은 창문 밖으로 종려나무와 갖가지 예쁜 꽃이 보이는 정원이 있었다. 엄마는 아빠와 약혼식을 할 때 입었던 분홍색 육폭 한복을 꺼내 입었다. 우리 가족은 모두 행복해했다.

졸업식에는 이사장이신 빌브라이트 박사님과 보네트 사모님이 오셨다. 그리고 총장님, 교수님, 졸업생들이 가족과 함께 참석했다. 다양한 코스로 수료하는 학생은 다 합해서 사십여 명 됐지만, 오찬에는 정식 신대원 과정을 밟아 졸업하는 사람 십여 명만 참석할 수 있었다. 식사 전에 졸업생들이 한 명씩 나와 교수님들께 감사의 말을 하는 시간이 있었는데, 아빠에게도 그 순서가 주어졌다.

"저는 한국인으로서 미국 신학대학원에서 신학 공부를 한다는 것이 참 힘들었습니다. 교수님과 친구들의 도움이 없었다면 이 자리에 저는 없었을 것입니다. 이렇게 훌륭하신 교수님들께 배울 수 있었다는 사실이 제게 얼마나 큰 축복인지 모르겠습니다. 하나님께 감사드리고, 특별히 저의 지도 교수님이신 알렌 박사님께 감사를 드립니다!"

사람들에게 격려의 박수를 받자, 할아버지와 할머니는 아빠가 자랑스러워, 얼굴에 흐뭇하고도 감사한 함박미소를 지으셨다. 식사 시간에 나는 맛있는 양식을 더 먹고 싶었지만 참았다. 오후 2시에서 3시 반까지 우리 학교 강당에서 댄스 파티가 있었기 때문이다. 엄마가 나와 동생을 불러내 학교로 데려다 주었다. 나는 조엔을 찾아 댄스 파티가 열리는 학교 강당으로 떳떳하게 들어갔다.

늦은 오후가 되어서야 우리 가족이 다 모였다. 그날 저녁에는 아빠의 신대원 졸업식이 갈보리교회에서 있었기 때문에, 모두 다 아직 긴장과 흥분의 끈을 놓지 않고 식장에 갈 채비를 하고 있었다.

"댄스 파티, 어땠어? 조엔이랑 춤은 잘 췄어? 재미있었어?"

나는 씩 웃고 말았다. 대답해 줄 게 별로 없어서였다. 사실 나부터 맥이 다 빠져 있었다. 그렇게 힘들게 파트너를 구해 갔건만, 여학생들은 부끄러워서 자기들끼리 춤추고 얘기하면서 놀고, 남학생들도 그들끼리 웅성거리며 어울렸기 때문이다. 선생님들이 지켜보는 가운데서 말이다.

그날 저녁 빌브라이트 박사님과 보네트 내외분은, 붉고 푸른색을 띤 아주 화려한 박사 가운을 입고 나오셨다. 우리 아빠도 빨간 후드를 두른 졸업 가운에, 금색 매듭 아래 검은 술이 달린 석사모를 썼다. 아빠가 석사 학위를 받는 순서가 되자, 학장님께서 아빠의 석사모에 달린 술을 앞으로 당겨 주셨다. 우리는 힘찬 박수를 보냈다. 삼십대 후반에 맺은 아빠의 무화과열매는 정말 감격스러웠다.

"아빠! 진짜 최고예요! 자랑스럽고, 사랑해요."

밤 10시가 돼서야 졸업식이 끝나고 다과 시간을 가졌다. 아빠의 졸업을 축하해 주기 위해, 조엔과 도날드의 부모님, 샘과 자넷 부모님, 박 목사님 부부와 민 장로님 부부, 치과의사 김 장로님의 사모님이 와 주셨다.

엄마친구 베키 아줌마는 한 달 걸려 손수 만든 퀼트를 선물로 주셨는데, 거기에는 세탁을 해도 지워지지 않는 펜으로, 60여 명의 축하 메시지가 적혀 있었다. 베키 아줌마가 신대원 교수님들과 학생들을 찾아가 축하 메시지와 사인을 그 조각이불에 받아 온 것이다.

"정말 피부도 언어도 문화도 다르지만, 이 우정의 한 뜸 한 뜸을⋯."

엄마는 감동하여, 베키 아줌마가 만들어 준 누비이불에 얼굴을 푹 파묻었다. 그리고 40학점을 받아야 수료하는 여성 사역자 과정에서 24학점밖에 받지 못해, 그날 수료하는 명단에는 들지 못했지만 감사해했다.

"지식이 아닌, 지혜를 배웠지!"

아빠의 오찬과 졸업식, 나의 댄스 파티가 있는 그날 밤, 나와 동생은 조엔과 도날드 집에서 슬립 오버를 해도 좋다는 허락을 받았다.

1998년 6월 달력을 보면, 매주 금요일마다 초등학교 6학년 졸업생들을 위한 행사가 있었다. 6일은 인솔 교사의 지도 아래에 진학할 중학교를 미리 방문하는 날, 12일은 댄스 파티가 있는 날, 19일은 캠프를 마치는 날, 26일은 졸업식을 하는 날, 이렇게 스케줄이 짜여 있었다. 더구나 6월 20일 토요일은, 샌버나디노의 축제인 "르네상스 축제"가 열리는 날이었다.

졸업식을 한 주간 앞둔 15일 월요일부터 19일 금요일까지 우리는 졸업 캠프를 갔다. 미국의 학교는 졸업 여행을 가지 않고 졸업 캠프를 가는 것이 특이했다. 캠프는 샌버나디노에서 가장 높은 산인 "빅베어(Big Bear)"에 있는 캠핑장에서 하기로 되어 있었다. "빅베어"는 그 산에 큰 곰 모양의 호수가 있어서 붙여진 이름이다. 그곳에서 우리는 규칙적인 생활을 했고, 스포츠와 게임을 즐겼으며, 스피치를 듣고 명상하는 시간과 미래의 비전이나 포부를 나누는 팀별 토론 시간 등을 가졌다.

한번은 할아버지와 할머니, 아빠와 엄마, 온 식구가, 내가 잘 지내는지 캠프는 어떻게 진행되는지 궁금해서 캠핑장을 찾아오셨다. 부모님이

와서는 안 되는 곳인데…. 방문객이 왔다고 나를 호출해 준 코치님께 얼마나 죄송스럽던지, 나는 얼른 우리 가족에게 인사만 하고 다시 행사장을 향해 뛰어갔다. 캠프를 끝내고 집에 갔더니 거실에 큰 솔방울들이 진열되어 있었다.

"성화야! 이거 그때 빅 베어 캠핑장 주위에서 주워 온 솔방울이야. 햐, 얼마나 큰 지 사람 머리만 하구나. 미국은 뭐든지 커!"

"할아버지! 그 솔방울 이름이 뭔지 아세요?"

"솔방울이지, 다른 이름이 있어?"

"'파인 콘(pine corn)'이라고 부르는데요, '과부 만들기(widow maker)'라고도 한대요. 남자들이 숲에서 나무를 자르거나 일하다가, 솔방울이 머리 위에 떨어지면 어찌나 크고 무거운지 맞아 죽을 수도 있어서 부인을 과부로 만든다고 '위도우 메이커'래요. 웃기죠?"

"그래? 정말 그럴 만도 하구나. 하하하!"

할아버지와 할머니는 한국에 가실 때, 그 큰 솔방울 몇 개를 꼭 넣어 가셨다.

6월 20일 토요일은 샌버나디노가 중세시대로 돌아가는 '르네상스 축제'가 있는 날이다. 샌버나디노 215번 고속도로와 라스베이거스로 가는 15번 고속도로가 연결되는 곳에 글렌 헬렌 파크가 있는데, 그곳에서 축제가 열렸다.

그 주변은 온통 '신의 촛불'이라는 선인장이 하얀 꽃을 피우는데 그 꽃은 사막에 꽃동산을 만들어 놓는다. 그 광활한 공원에, 각종 서커스단과 악단들이 중세 차림으로 모여들었다. 샌버나디노의 고등학교 학생들도 단체로 혹은 개인으로 중세생활과 관련된 부스를 열었다. 부스는 심사를 거친 후 일정 비용을 내면 된다. 고등학생인 수잔 누나도 머리를 땋아 주는 부스를 열었다. 수잔 누나는 내가 자전거로 아빠와 엄마를 찾아갔던 오렌지 웨이에 사는 한국인 가정의 딸이다. 수잔 누나는 로미오와 줄리엣 영화에 나오는 중세 아가씨처럼 옷을 입고 와서는 형형색색 헝겊을 넣어 머리를 땋아 주는 레게머리를 선보였다. 이것은 여자들에게 인기가 많아서 짭짤한 수입을 보았다.

우리 가족은 도날드네 가족과 함께 중세 도시 골목골목을 다니면서 마술도 보고, 칠면조 다리 고기도 먹어 보았다. 또 악기도 두들겨 보고, 활쏘기도 하고, 군악대 뒤를 쫓아다니기도 하면서 하루 종일 즐겁게 보냈다.

월요일이 되어 학교를 가니 선생님이 나를 불렀다.

"팀! 이 편지를 부모님께 갖다 드려!"

졸업을 이제 며칠 앞두고 또 무슨 야단칠 일이 있다고 부모님을 부르나 은근히 걱정되었다. 엄마도 학교에서 준 편지를 보며 무슨 선전포고를 받듯 긴장하는 눈치였다.

"너, 또 뭐 잘못한 일 있어?"

"엄마는~ 뭐 내가 사고뭉치인 줄 아세요?"

나는 큰 소리를 쳤지만, 나나 엄마나 걱정스럽기는 마찬가지였다.

"와우! 팀! 너 이번 졸업식에 대통령상을 받는대! 이건 초대장이야!"

편지를 읽은 엄마는 펄쩍펄쩍 뛰며 소리를 질렀다.

"할렐루야! 고마워, 아들아!"

아빠도 매우 기뻐서 서로 손을 잡고 감사 기도를 하자고 했다.

"프레이즈 더 로더!"

나를 큰형이라고 부르는 동생이 말했다.

"형이 자랑스러워. 형 존경해!"

드디어 1998년 6월 26일, 노스 파크 초등학교의 졸업식이 거행되었다. 그런데 나는 친구들과 헤어진다고 생각하니 왠지 슬프고 우울해졌다.

'또 친구들과 헤어지는 거야? 환이 형처럼?'

물론 친구들 대부분이 같은 중학교에 올라가서 헤어지지 않아도 됐다. 지난 6월 5일, 우리 졸업 예정자들은 우리가 가게 될 중학교를 방문했고, 그때 농구 친구인 아더도 나와 같은 학교를 가게 된다는 사실을 알고 기뻐했다. 미국에 와서도 이미 여러 번 이사하고 전학하느라 친해지려고 하면 헤어지기를 반복했기에, 나는 새 친구를 사귀는 것이 늘 어렵고 싫었다. 초등학교 시절 중, 노스 파크 초등학교는 3년을 연달아 다녀 가장 오래 다닌 학교였다. 그래서 친구들과도 정이 많이 들었다.

"양복을 입어야지! 와이셔츠, 아빠꺼라도 입어!"

하지만 나는 왠지 심통이 난 얼굴로 흰 티셔츠만 고집해서 여느 때처럼 학교에 갔다. 오전 10시에 먼저 재학생들이 종업식을 하고, 오전 11시에 졸업식을 거행했다. 동생은 4학년을 마치면서 개근상을 탔다. 조금만 아파도 결석하는 미국 학생들에 비해, 아파도 티 안 내고 학교 가는 한국인에게 개근상은 아무 것도 아니었다. 그러나 미국 학부형들은 감탄하며 박수를 보냈다.

"어떻게 아프거나 아무 탈 없이, 일 년간 개근할 수 있죠?"

휴식 시간을 보낸 뒤 오전 11시가 되자 전교생과 학부형들, 선생님들, 교육구와 시에서 오신 손님들이 착석한 강당에서 졸업식이 거행되었다. 사람들은 아무래도 상에 관심이 많은 것 같았다. 내가 어떻게 대통령상을 받게 되었을까? 노스 파크 초등학교 다니는 동안, 3년간 꾸준히 우수상, 모범상, 공로상을 받은 것과, 미국 전역에서 실시하는 '실력평가시험'에서 좋은 성적을 받았던 것이 그 이유였다. 그러고 보니 '그달의 작가상'도 받았네.

하지만 만약, 엄마가 교육구에 찾아가서 내가 세 번 칠판에 이름 적힌 것에 대해 해명하지 않았다면, 이 상을 받을 수 있었을까? 미국은 그만큼 태도를 중요시 한다. 성적과 태도에 대한 평가를 기록한 학생기록부는 출신 학교에 남아 있는 것이 아니라, 교육구 컴퓨터에 다 전산화되어 투명하게 남는다.

사람들은 미국 대통령상을 받는다고 하면, 옛날 빌 클린턴이 고등학생 때 존 에프 케네디 대통령에게 백악관에서 직접 상을 받는 장면을 떠올린다. 나도 그 장면을 텔레비전으로 본 적이 있다. 하지만 대통령상이라고 해서 다 직접 대통령에게 받는 것은 아니다. 50개 주에 얼마나 많은 교육구가 있는데…. 각 카운티 교육구에서 나와서 주는 것이다.

"대통령상! 디모데 김!"

교장 선생님이 내 이름을 호명했다. 내가 자리에서 일어나 강단 앞에 서자, 샌버나디노 교육구에서 나온 어느 한 분이 상장을 건네주셨다. 나는 공손히 상장을 받은 후 몸을 뒤로 돌려 인사했다. 사람들이 박수를 치는 가운데 한국에서 오신 우리 할아버지와 할머니, 아빠와 엄마, 동생의 박수가 가장 뜨거웠다. 나는 우리 가족을 향해 빙그레 웃었다.

대통령 교육상 프로그램

디모데 김 학생은

학구적으로 뛰어남에 있어서

탁월한 교육 향상을 인정, 표창함에 있어

대통령상을 수여하는 바입니다.

1998, 빌 클린턴

미국 대통령

또 '대통령이 보낸 편지'를 내게 전달해 주었다. 나는 이 편지가 참 좋았다. 미국 대통령이 꿈나무에게 심어 주는 긍지와 격려, 비전이라 가슴 뿌듯하고, 가끔씩 다시 읽어볼 때마다 마음이 뜨거워진다. 우리나라에도 이런 상이 있으면 좋겠다 싶어서 소개한다.

미국 대통령이 보낸 편지

대통령의 교육상을 받게 됨을 축하드립니다.
나의 부인과 나는 이 놀라운 업적을 표창함에 있어서
여러분의 선생님들과 가족, 친구들과 함께
이 자리에 참석하게 됨을 기쁘게 생각합니다.
이 상은 여러분의 능력을 극대화하기 위해 힘썼던
여러분의 노력과 결단에 대한 특별한 표상입니다.
여러분이 진학을 하든 전문직을 갖든,
나는 여러분이 평생을 통해 배우는 자가 되고
교육에 최선을 다할 것을 격려하는 바입니다.
그렇게 함으로써, 여러분은 자신의 세계를 넓혀 가고,
새로운 아이디어를 발견하며,
21세기 우리나라를 이끌어 나가는 데 일조하게 될 것입니다.
여러분이 무엇을 선택하든지 간에,
나는 여러분이 다른 사람을 돕기 위해 항상 힘쓰고,
계속적으로 높은 목표를 두며, 여러분 자신을 믿기를 바랍니다.
여러분의 미래가 행복과 성공으로 가득 차기를
진심으로 소원하는 바입니다.

1998년 2월 9일 백악관 워싱턴에서, 빌 클린턴

나는 상을 받은 뒤 먼저 상장과 편지를 할아버지께 드리고 내 자리로 가 앉았다. 모든 사람들이 박수를 쳐 주었다. 나는 겸연쩍게 다시 한 번 우리 가족을 향해 얼굴을 돌렸다. 할머니와 엄마는 내게 계속 손을 흔들어 주었다.

드디어 졸업식 행사가 끝났다. 우리 졸업생들은 다 함께 강당 무대에 나와 준비했던 노래, "난 내가 날 수 있음을 믿어"를 부르기 시작했다.

난 내가 날 수 있음을 믿어

난 내가 날 수 있음을 믿어… 우우!

난 내가 하늘에 닿을 수 있음을 믿어.

나는 매일 밤낮으로 그걸 생각하고 있어.

날개를 펴고 멀리 날아라.

난 내가 높이 날 수 있음도 믿어.

날 봐, 내가 열린 문을 통해 달리는 것을.

난 내가 날 수 있음을 믿어.

만약 단지 내가 날개를 펼치기만 한다면.

난 날 수 있어.

날지 날이 ….

아! 내 초등학교 시절은 그렇게 마무리되었다. 부다페스트 GGCA - 샌버나디노 뉴마크 초등학교 - 로스앤젤레스 피오 피코 초등학교 - 샌버나디노 노스 파크 초등학교. 이렇게 초등학교 6년 과정을 네 학교에 걸쳐 졸업했다.

한국에서는 청량 초등학교에서 한 일주일 정도 한국 교육의 맛을 본 것 같다. 그것도 코피 터지는 처량한 맛을…. 하하하! 매운 고추장 같은 한국 초등학교 교실, 그 추억, 아쉽고 그립다.

아빠의 신대원 졸업과 나의 초등학교 졸업을 축하해 주러 오신 할아버지와 할머니가 기념 여행을 가자고 했다. 3년 전에는 할아버지께서 정년퇴직 후 퇴직금의 일부로 우리에게 차를 사 주고 가셨는데, 이번에는 9인승 밴을 렌트하셨다. 할아버지 꿈은 차로 세계 일주를 하는 것이다. 우리 가족은 미국 횡단 여행을 하기로 했는데, 서부-중북부-동부-중남부-서부, 이렇게 물고기형 여정으로 계획을 잡았다. 그곳에 사는 친척과 친구 집 방문이 목표였다.

처음에는 아빠와 엄마가 두 시간마다 교대로 운전했는데, 길을 눈여겨보신 할아버지가 프리웨이 입구와 출구, 표시판 보는 것을 익히셨는지 그 다음부터는 할아버지 혼자 그 먼 길을 운전하셨다. 1998년 6월 27일에 출발해서 7월 17일에 돌아왔으니, 21일간의 여정에, 12,721.6킬로미터를 달린 것이다. 그 여정을 지도 위에 선으로 그어 보니, 신기하게도 물고기 모양이었다. 로마시대 때 비밀리 기독교인을 상징했던 그 물고기….

물고기 모양의 우리 여정

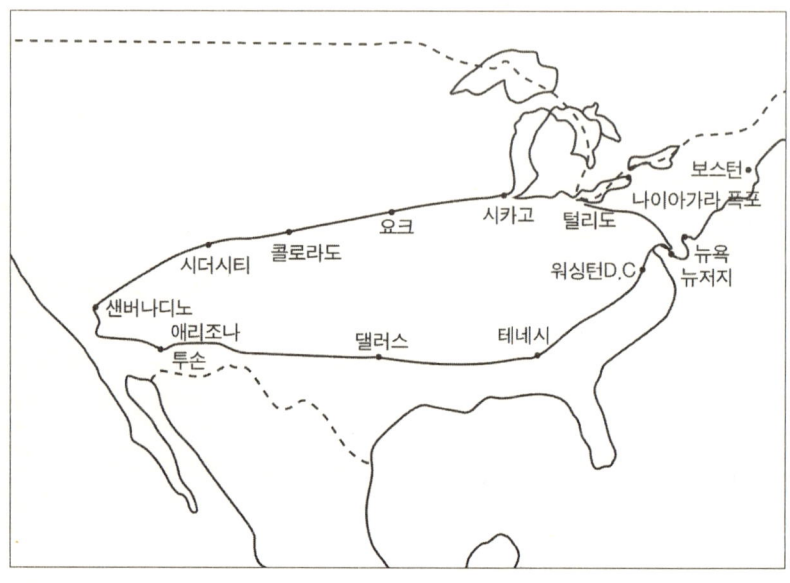

미국 횡단 여행 일지

6/27 (토)	샌버나디노에서 출발 시더 시티(Cedar City) 그린 리버(Green River) 글렌우드 스프링스 (Glenwood Springs) (콜로라도주)	첫날 811마일 달림 1st Choice Inn에서 잠
6/28 (일)	킨스버그(Keenesburg) 링컨 서덜랜드 (Lincoln Sutherland) 요크(York)	(네브래스카주) 차 안에서 주일예배 드림 Holiday Inn에서 잠
6/29 (월) - 7/3 (금)	시카고 코스타 (KOSTA) 수련회 참석	휘튼 칼리지(Wheaton College) 할아버지와 할머니는 친척집에서 지냄

7/4 (토)	미시간 시티 (Michigan City)	Knight Inn에서 잠
7/5 (일)	털리도(Toledo) 뉴욕(New York)	차 안에서 주일예배 드림 아빠 친구 김 회계사님 댁 도착
7/6 (월)	보스턴(Boston)	친척집에서 랍스터 먹음 하버드 대학교, MIT 공대 방문
7/7 (화)	나이아가라 폭포	폭포 아래에서 보트 탐 Econo Lodge에서 잠
7/8 (수)	맨해튼(Manhattan)	다시, 아빠 친구 김 회계사님 댁
7/9 (목)	뉴저지주	최 박사님 댁
7/10 (금)		한인들 모임에 아빠 스피치 1 리버티 과학 센터 (Liberty Science)에 감
7/11 (토)		다시, 최 박사님 댁 한인들 모임에 아빠 스피치 2
7/12 (일)		뉴저지 온누리교회에서 주일예배 Travel Lodge에서 잠
7/13 (월)	워싱턴 D.C. (버지니아주)	백악관, 워싱턴과 링컨기념관 한국전 참전 기념비 Best Western에서 잠 (New Port)
7/14 (화)	(테네시주) 그레이트 스모키 산맥 국립공원(Great Smoky Mountain National Park) 애슈빌(Ashville) 내슈빌(Nashville) (캔사스주)	체로키 인디언 박물관 (Museum of the cherokee Indian) Hollyday Inn에서 잠
7/15 (수)	리틀록(Little Rock) (텍사스주) 댈러스(Dallas) 포트워스(Forth Worth) 힐스보로(Hillsboro) 애보트(Abbott)	엄마 펜팔 친구, 수(Sue) 할머니 집 에서 결혼 48주년 축하해 줌

7/16 (목)	엘파소(El Paso) (뉴멕시코주) 투손(Tucson)	Budgetel Inn에서 잠
7/17 (금)	(애리조나주) 글렌데일(Glendale) 샌버나디노 도착	엄마의 죽마고우 집 방문(그 집 딸 다혜는, 12년 뒤 나와 결혼하게 됨, 치과의사인 다혜 아빠가 우리 할머 니 이를 치료해 줌)

미국 횡단 여행; 총 21일간, 7,951마일(12,721.6킬로미터) 달렸음.

이 표를 보면 알 수 있듯이, 여행 중 목적지가 아닌 곳에서의 숙박은 길을 가다가 밤이 되면 주로 가까운 여인숙(Inn)이나 여관(lodge)에 들어가서 했다. 식사는 전기밥솥으로 숙소에서 밥을 해 놓았다가 밴 안에서 할머니와 어머니가 준비해 온 밑반찬으로 해결했다. 가도 가도 끝이 없는 평원일 때는, 들판에 나가 마치 소풍 온 것처럼 자리를 깔고 점심을 먹기도 했다. 그때 먹는 김과 깻잎은 최고의 반찬이었다.

시카고에서 아빠와 엄마, 그리고 나와 동생은 코스타 컨퍼런스가 열리는 휘튼 칼리지에 참가했고, 할아버지와 할머니는 친척집에서 지내셨다. 나와 동생은 어린이 코스타에 참여했다. 선생님들은 우리를 군인처럼 힘들게 훈련시켰다.

"그래야만 하나님의 군사가 될 수 있지?"

나는 기도도 많이 했다. 코피도 많이 났다. 하지만 이제껏 중 가장 힘들고 재미있는 시간을 보낸 것 같다. 동생도 목이 쉬었다.

엄마가 물었다.

"넌 왜 목이 쉬었어?"

"20분 동안 통성기도 했어, 울면서….."

"왜 울었니?"

"너무 행복해서."

동생은 어릴 때부터 영성이 좀 특별한 것 같았다. 컨퍼런스 마지막 날이 되자, 할아버지와 할머니께서 우리 가족을 데리러 오셨다. 우리는 휘튼 칼리지의 빌레그레함 기념관을 둘러본 뒤, 친척집으로 갔다. 친척 집은 아빠의 사촌형 집이었는데, 2에이크나 되는 큰 집이었다. 얼마나 큰 지 야구장에서 잔디를 깎는 것처럼 사람이 운전하면서 잔디를 깎았다. 풀 냄새가 좋았다. 시카고의 여름밤은 천둥이 치고 번개가 번쩍거렸다. 그리고 반딧불이 날아다녀서 마치 동화 속에 들어온 것 같았다.

뉴욕의 아빠 친구 집은 우리가 처음 미국에 입국했을 때 갔던 집인데 그때보다 더 크고 좋은 곳으로 이사를 하셨다. 그때 태어났던 둘째도 만 네 살이 되어 우리와 같이 놀 수 있었다. 아저씨가 일하시는 회계사 사무실에도 가 보았다. 아저씨는 재정과 관련된 책을 우리말로 번역하는 일도 하고 있었다.

보스턴에서는 아빠의 사촌 여동생 집에서 큰 바닷가재를 사 와서 삶아 먹었다. 랍스터는 그곳의 명물이라 크고 맛있고 값이 쌌다. 하버드 대학교와 MIT 공대를 방문했을 때는 할아버지께서 '하버드'라고 적혀 있는 티셔츠와 모자를 내게 사 주셨다.

"칼리지는 힘들어요?" 내가 물었다.

"자기가 좋아하는 걸 선택해서 공부하니까 재미있지!" 엄마가 대답 했다.

"엄마는 특별하잖아. 일하는 거 좋아하니까."

"계모라고 해 놓고…, 좀 인정해 주는 거야?"

우리는 모두 웃었다. 저녁시간이라 학교를 충분히 둘러보지는 못했다. 뉴저지 엄마 친구 집에 갔을 때는 할아버지가 화장실에서 머리염색을 하다가 그릇을 쏟는 바람에 하얀 벽에 온통 먹물을 튀겼다. 할아버지는 그 일을 두고두고 못 잊고 미안해하셨다. 또 그 상황을 이해해 준 최박사님 내외분께 깊이 감사했다. 그분은 약을 개발하는 분인데, 약을 연구하고 실험하면서 이런저런 일들을 많이 겪어 봐서 그런지 더 잘 이해해 주는 것 같았다.

텍사스의 아보트 시에는, 엄마의 펜팔 친구 수 할머니가 살고 계셨다. 엄마가 대학생일 때, 수 아줌마는 미국인 단기 선교팀으로 부산에 있는 침례교회들을 방문했다고 한다. 그때 잠시 만난 이후로 펜팔 친구가 됐는데, 21년 만에 다시 만난 것이다. 우리가 방문한 날이 마침 수와 짐 부부의 결혼 48주년 기념일이었다. 우리는 수의 여동생과 교회 친구들과 함께 두 사람을 축하해 주고 융숭한 식사를 대접받았다.

수의 남편 짐은 그곳에서 수십 년간 우체국에서 일해 왔는데, 바로 수와 엄마의 편지를 전달한 사람이었다. 수는 엄마가 보낸 편지와 사진을 스크랩해 놓은 앨범을 보여 주었다. 펜팔 친구로서의 우정을 정성껏 간직한 수는, 우리 가족이 떠날 때 본인이 직접 그린 유화들을 보여 주면서 한 점 골라 가라고 했다. 엄마는 크기가 작으면서도 그림 안에 수의 이름이 적힌 우체통이 있는 풍경화 그림을 골랐다. 그 그림은 지금도 우리 헝가리 집 거실에 걸려 있다.

여행 중에 할머니는 너무 피곤하셨는지 이가 아프다고 하셨다.

"어머니! 제 죽마고우 남편이 치과 의사니까 조금만 참으세요."

엄마의 말에 할아버지는 그 집에 빨리 가기 위해 몇 번 쉬지도 않고 밤새 운전을 해서 애리조나주로 진입하였다. 엄마 친구 집은 바로 다혜네 집이었다. 미리암 아주머니는 우리를 반갑게 맞아 주셨고, 닥터 허 선생님은 급히 할머니를 자기 치과병원으로 모셔 가 치료해 주었다. 그때 미리암 아주머니와 허 선생님은 지금 나의 장모님, 장인어른이시다.

그렇게 우리 가족 일행은 할아버지 덕분에 미국 일주를 했고, 그 후 할아버지와 할머니는 한국으로 귀국하셨다. 엄마는 그 긴 여행 기간 동안 차 뒤에 앉아서 계속 글을 썼다. 할아버지와 할머니께서 떠나신 후, 엄마는 대학교 때부터 써 놓았던 시를 꺼내 여행 기간에 쓴 시와 함께 시집을 만들었다. 그 해 겨울 1998년 12월에 『거친 들에서 올라오는 자』란 제목으로 출간되어, 엄마의 첫 번째 책 『이국에서 주인처럼』에 이어, 우리 집의 무화과열매가 되었다.

나는 9월이 되자 중학교에 입학했다. 초등학교를 졸업하기 전, 인솔교사를 따라 미리 방문했던 샌딘힐스 중학교였다. 그때 학교를 소개해 주던 선생님이 말씀하신 주의사항이 떠올랐다.

"학교 등교는 단 1분도 늦으면 안 됩니다. 늦으면 서무실로 가서 지각표를 받아 첫 수업에 들어가 선생님께 드려야 합니다."

그때 겁에 질렸던 것이 생각나서, 아침마다 일찍 자전거를 타고 학교에 갔다. 가장 즐거운 시간은 점심시간이었다. 3달러 좀 넘는 피자는 맛이 최고였다. 수업을 신청하고 교실을 찾아다니는 일에 적응할 즈음, 우리 가족은 또 이사를 가야 한다고 했다.

"아빠와 엄마가 너희들과 함께, '타문화 적응훈련'을 받으러 가야 돼.

거기는 LA와 샌프란시스코 중간쯤에 있는 베이커즈필드라는 곳이야."

아빠가 미국에서 신학대학원을 졸업하고 또 목사 안수도 받았기 때문에, 이제 다시 선교지인 헝가리로 돌아가야 하는데, 그 전에 선교사 재교육을 받기로 한 것이다. 베이커즈필드에 있는, '아가페 인터내셔널 트레이닝 연수원'은 가족이 입소하여 타문화 적응훈련을 받는 곳이다. 이번에는 미국생활을 정리하듯이 이삿짐을 확 줄여 가뿐히 떠났다. 이사하는 것에 대해 이미 나는 체념 내지는 터득한 것 같았다. 내가 떠나도, 샌버나디노 산중턱의 화살촉 모양 지형은 변하지 않을 것이다. 애로우헤드 스프링스에서는 김이 모락모락 피어날 것이고….

"내 농구 친구 아더, 아듀!"

3) 분노의 포도, 베이커즈필드

베이커즈필드에 우리 친척이 살고 있는 줄은 꿈에도 몰랐다. 할아버지의 친조카이자 아빠한테는 사촌 누님이었다. 그분은 우리 가족이 훈련받느라 끼니를 챙겨먹기 힘들겠다며 종종 김치나 한국 반찬을 만들어 주셨다.

AIT에서 훈련이 시작되자 거기에 입소한 가족들은 두 아파트에 나뉘어 생활하였다. 열 가족과 싱글 한 명이었는데, 스태프들과 합치면 어른만 서른 명이 넘었다. 수업이 끝나면 서로 티타임에 초대해서 우정을 쌓았다. 아빠와 엄마도 입소한 선교사들을 초대했는데, 아빠의 사촌 누님이 맛있는 한국 음식을 만들어 줘서 가능한 일이었다. 그런 날 나는 절제가 좀 안 되어 배탈이 나곤 했다.

"디모데 배는 똥배, 엄마 손은 약손~."

엄마는 운율을 넣어서 리드미컬하게 노래하며 배를 주물러 주었다.

"헤헤!"

"디모데 배는 사랑, 희락, 화평, 오래 참음, 자비, 양선, 충성, 온유!"

그러다가 엄마는 딱 멈췄다.

"이제 너 스스로 소화시킬 차례야. 걷고 운동해!

디모데 배는 절제 배!"

나는 그때 여전히 뚱뚱했다. 엄마의 랩 같은 운율이 또 하나 있다. 사춘기에 접어들면서 나는 키가 크느라 허벅지살이 터지기 시작했다. 엄마는 아침에 나를 깨울 때면 내 다리와 발목, 발가락을 주물러 주면서 이렇게 말했다.

"키다리 꺽다리 장다리, 닥터 걸리버, 닥터 걸리버!"

나는 베이커즈필드에 있는 중학교에 다니게 되었다.

"엄마! 나 수화 과목을 선택했어요."

"정말? 왜?"

"언젠가 쓸 수 있을 거 같아서요."

"정말 잘했네."

내 자신도 좀 엉뚱하게 왜 수화 과목에 끌렸는지 모르겠다. 나는 집에 오면 동생에게 수화를 가르쳐 주었고, 우리 둘이 비밀이 있으면 아빠와 엄마가 알아듣지 못하게 수화로 했다. 수화로 하는 비밀은 이런 것이었다.

"원숭이 얼굴!"

그것은 아빠가 웃을 때마다 쑥스러워 짓는 표정이, 원숭이가 얼굴을 닮는 모습과 비슷해서 놀릴 때 사용했던 것이었다. 우리끼리 수화를 하면서 킥킥 웃음을 참았다.

동생은 파나마-부에나 비스타 디스트릭 초등학교 5학년에 들어갔다. 독서, 영어, 철자, 수학, 사회가 1학기 과목이었다. 생물과 과학 과목은 2학기에 포함됐다.

동생은 천성이 먼저 남을 생각하는 성품이었다. 그리고 비교의식이나 열등의식 같은 것이 전혀 없었다. 그저 행복해하거나 참았다. 동생은 안경테가 부러져 며칠을 안경 없이 학교를 다니기도 했다. 내가 불편하지 않냐고 물으면 동생은 그저 괜찮다고 했다. 나 같으면 즉시 바꿔 주지 않는다고 울고불고 난리가 났을 텐데 말이다. 또 엄마가 바쁘다 보니 가끔 동생을 늦게 픽업할 때가 있었다. 그때도 동생은 그 더운 인디언 서머 날씨(화씨 108도, 섭씨 42.2도)에도 혼자 밖에 서서 기다렸다. 엄마가 도착하고 차 안에 들어와서야 눈물을 뚝뚝 떨어뜨렸다. 학교 안에서 기다리면 서무실 사람에게도, 엄마에게도 방해가 될까 봐 그런 것이었다. 엄마는 착한 동생에게 항상 미안한 마음을 갖고 있었다.

나는 동생과 같은 교육구에 속한, 액티스 주니어 하이 스쿨 7학년 학생이었다. 한 쿼터가 지나자 성적표가 나왔다. 체육 A-, 수학 B+, 수화 A, 영어 A-, 역사 A, 독서 A, 과학 A. 과목 중에 A+가 없는 것을 보면 나는 아주 탁월한 학생은 아니었던 모양이다. 그리고 수학에 너무 약해서 남들은 20분이면 푸는 문제를 나는 2시간 동안 끙끙 거릴 때도 있었다. 독서 과목 책은 한 권 안에 아주 재미있는 글이 많고 그림도 다양했는데, 엄마가 나보다 그런 책을 더 좋아했다. 엄마는 중고품 가게에 가면 그런 리딩 책들을 있는 대로 사 가지고 왔다.

나의 평점은 4점 만점에 3.87로 다행히 우수 학생에 들었다. 성적표에는 이렇게 적혀 있었다.

"학생은 이번 학기 동안 평점 3.87을 받았습니다. 우수학생이 된 것을 축하드립니다.

그러나 나는 올 에이(All A)가 아니라서 속이 좀 상했다.

"공부는 마라톤이야. 단거리가 아니니까 A, B 이상 받으면 돼."

엄마의 말에, 아빠가 덧붙였다.

"엄마 말도 맞지만, 아빠와 엄마는 너가 C를 받아도 사랑해. 알겠지?"

역시 동생은 아빠와 성격이 비슷하고, 나는 엄마를 좀 닮은 것 같다.

11월에 조엔과 도널드 가족이 우리 집에 왔다. 내 동생의 만 열 살 생일을 축하해 주기 위해서 샌버나디노에서 170마일(272km) 떨어진 베이커즈필드까지 온 것이다. 도널드 아빠가 금요일날 직장을 마친 후에 출발해서, LA에 들러 쌀, 라면 등 한국 음식 재료를 가득 산 뒤였다. 그리고 베이커즈필드에 거의 다 와서는 호텔에서 묵고, 토요일 아침 우리 집에 들렀다.

"생일 축하합니다!"

동생은 학용품을 선물로 받고, 용돈까지 받았다. 아빠는 우리들 머리에 손을 얹고 축복 기도를 해 주셨다. 그 후 우리는 차를 몰고 가까운 세프턴으로 갔다.

거기는 참 특이한 곳이었다. 목화밭이 끝없이 펼쳐 있었다. 우리는 차에서 내려 목화를 땄다. 꽃받침 같은 것이 말라 손에 찔리기도 해서, 옛날 노예들이 목화를 딸 때 쉽지 않았겠다는 생각이 들었다. 그게 솜이 되고 면이 되어 옷을 만든다니, 참 신기했다.

　다른 한곳은 포도밭이 질서정연하게 끝없이 연결되어 있었다. 포도는 이미 추수가 끝났지만 건포도가 되어 매달려 있는 것도 있었다. 포도나무 사이로 기계가 지나가면서 사람들이 추수할 수 있도록 포도나무 행렬의 폭이 꽤 넓었다. 우리는 그 사이를 이리저리 뛰어다니며 잡기놀이를 했다.

　또 차를 타고 가다 보니 이번에는 어마어마한 목장이 광활하게 펼쳐 있었다. 소들은 목장 안 여기저기 만들어 놓은 낮은 구릉에 올라가서 자유롭게 앉아 있거나 편안하게 서서 되새김질을 하고 있었다.

　밤이 되자 석유를 뽑아 내는 정유공장 지대에서 시뻘건 불꽃들이 수없이 품어 나오고 있었다. 미국의 거대한 에너지가 느껴졌다.

　존 스타인벡의 소설 『분노의 포도(the Grapes of Wrath)』(1940)의 배경이 된 베이커즈필드는 정말 신기한 곳이었다. 농장과 가축과 공장이 끝없이 지평선처럼 펼쳐 있었기 때문이었다. 그래서 베이커즈필드가, 생활고에 시달려 서부로 가기 위해 오클라호마를 떠난 조드 일가가 도착한 약속의 땅이요, 에덴의 동쪽 무대이기도 한가 보다.

　그런데 왜 '분노의 포도'일까? 포도! 자연의 열매는 사람들에게 기쁨을 골고루 준다. 그런데 농장주의 이기심으로 부익부 빈익빈 현상을 만들어 사회갈등을 일으키고 급기아는 노동자들을 분노하게 만들었디.

　맥도날드에서 식사를 하고, 이제 조엔과 도널드 가족과 헤어져야 할 시간이었다. 베이커즈필드에는 맥도날드 마당에도 석유 시추기가 방아깨비처럼 끄덕끄덕 계속 펌프질을 하고 있었다. 우리는 조엔과 도널드 가족과 다음에 다시 만날 것을 약속하고 포옹한 뒤 헤어졌다.

"고맙습니다! 따뜻한 사랑과 정성, 우리 책가방에 그대로 남겨 두겠습니다."

아빠와 엄마는 선교사 재훈련인 타문화 적응 훈련, "AIT 69기 인턴생"이다. 그 코스는 맨 먼저 가족 트랙 오리엔테이션에서부터 시작되었다. 부모님뿐 아니라 나와 동생도 '자녀 트랙'으로 함께 훈련을 받는 것이다.

아빠와 엄마의 11주간의 시간표를 소개한다. 9월 20일부터 12월 3일까지의 수업과 훈련, 행사가 다 나와 있다. 수업은 항상 "경건의 시간"으로 시작했고, 오전에는 강의, 오후에는 주로 팀별 토의나 실습으로 되어 있다. 성격과 적성 검사도 했고, 정신과 의사와의 만남 시간도 정해져 있었다. 요일별 수업시간을 보면 아래와 같다. 가족을 중시해서 가족 관련 세미나가 제일 먼저였다.

AIT 다문화 적응 훈련 (1998년 9월 20일부터-12월 3일까지)

	일	월	화	수	목	금	토
1주	경건 시간 가족 트랙 소개 지도	가족 세미나 I	가족 세미나 II	AIT 오프닝 세션	훈련 소개	하우징, 부부 세미나 I	
2주	묵상시간	현장사역, 유스 세션 (Youth Session 시작 I-VII	선교사의 역할, 커뮤니티 관련	문화 탐구	목자 그룹별	과도기, 문화 적응	단합 모임
3주	헌신시간	세계관, 자녀양육	성경 속 시대 I	목자 그룹별	상황 가치	부부 세미나 II, III	방문

	단기선교	LAMP	언어 습득	실습 II	실습 III	실습 IV	베이 커즈 필드 관찰
4주							
5주	히스패닉 교회, 섬김	영적전쟁 I, 리엔트리	타문화 적응	커뮤니티 관련	상황 설명	교육 세미나 I	초대
6주	경건시간, 봉사	영적전쟁 II, 디스커션	교육 세미나 II	목자 그룹별	건강 예방	헌신을 유지하기	
7주	경건시간, 찬양	영적전쟁 III, 비디오	팀 세우기 I	팀 세우기 II	기도의 날	교육 세미나 III	
8주	경건시간, 교제	영적전쟁 IV	가족 세미나 III	다문화 I	다문화 II	다문화 III	방문
9주	경건시간, 상담	영적전쟁 V	문화 가치	성경 속 시대 II	재정 세미나	스트레스 관리	기도 모임
10주	가족트랙 저녁모임	말씀 속 시대 III	신뢰 쌓기, 마음으로 용서하기	독신과 가족 이슈	추수 감사절	초대	
11주	경건시간, 간증	현장 사역, 영적 지도력	선교적 딜레마	부와 권력의 이슈	평가회, 임무와 헌신의 밤, 졸업식		

타문화 적응을 위한 수업 타이틀은 아래와 같음을 소개한다.

"가족세미나 I, II(Family Seminar I, II, III)"

"배우는 자의 세계관(Worldview of Learner)"

"성경 속의 시대 I, II, III(Time in the Word)", "과도기(Transition)"

"현장사역 최신(Field Ministry up-date)"

"선교사 역할(Role of the Missionary: The Servant Learner Challenge)", "선교논리의 딜레마(Missiological Dilemmas)", "재돌입(Re-entry)"

"건강과 능력 이슈(Wealth and Power Issues)", "신뢰 쌓기(Trust Building)", "마음으로 용서하기(Forgiving from the heart)"

"커뮤니티 관련(Community Involvement)", "교육(Education Seminar)"

"다문화 적응 I, II, III(Multi-Cultural Adjustment and Adaptation)"

"상황설명 프로젝트(Contextualization Project)"

"영적 전쟁 I~V(Spiritual Warfare)", "재정(Finance Seminar)"

"스트레스 관리 현장 워크숍(Managing Stress on the Field Workshop)"

"헌신을 유지하기(Maintaining Your Devotional Life)"

"외국어(Community Based Language Learning)"

"LAMP(Language Acquisition Made Practice)"

"문화 탐구(Exploring the Culture)", "건강예방(Preventive Health)"

"부와 권력의 이슈(Wealth and Power Issues)"

"독신과 가족 이슈(Singles and Family's Issues)"

"부부 세미나(Couple Seminar) I, II, III", "자녀양육(Parenting)"

"팀 세우기(Team Building)"

나와 동생은 "자녀 트랙" 과정을 따로 받기도 하고, 종종 부모님의 스케줄을 따라 함께 참여하기도 했다. 가족이나 부부, 자녀에 대한 강의는 이론과 함께 비디오로 실례를 본 후 토의하는, 굉장히 실제적이고도 현실적인 수업이었다. 오후에는 주로 팀별 토의와 현장 사역을 나갔는데, 푸드 뱅크에서 봉사를 하거나, 고아원, 양로원, 마약이나 알코올 중독자들을 위한 재활원에서 상담을 하기도 했다.

푸드뱅크에는 음식이 계속 들어왔다. 그 음식들을 배급하기 위해, 작은 봉지로 나눠 담는 일을 공동으로 작업했다. 배급 창구가 하나 열려 있기 때문에 사람들이 오면 언제든지 필요한 음식을 나눠 줄 수 있었다.

토요일에는 팀별 단합대회가 있었는데 그것을 소셜 미팅이라고 했다. 주일에는 베이커즈필드에 있는 각 교회로 흩어져서 다문화 사역을 했다. 우리 가족은 주로 흑인과 히스패닉 커뮤니티 교회에 가서 적응하며 동역했다.

타문화 적응훈련을 한 지 4주가 되었을 때, 우리 가족은 실습을 하러 멕시코 티후아나에 가야 했다. 하지만 그때 영주권을 신청 중이어서, 재출입 허락증을 받기 전에는 다른 나라에 갈 수 없다고 했다. 우리는 그 대신 외국어 습득 실습, LAMP를 했다.

어린이를 위한 "유스 세션 I-VII"은, 매주 월요일 오후 3시 30분부터 5시 30분까지 두 시간씩, 7주간 과정이었다. 나와 동생은 방과 후에 연령별로 나뉘어 교육을 받았다. 선교사 자녀로서 어른들이 듣는 강의 내용과 비슷한 점이 많았다.

"어린이들의 스트레스 스케일"을 배울 때는 내가 TCK로서 헝가리에서 이미 체험한 스트레스와 비슷한 경우를 많이 다뤄서 이해하기 쉬웠다. 주말이나 공휴일에는 특별활동에 참여했다. 시온산 캠프 같은 것이었다.

나와 동생은 부모님이 세미나와 행사 관계로 늦게 오면, 숙제를 다 해 놓은 뒤 쪽지를 써 놓고 자곤 했다.

"아빠, 엄마! 밤 11시 30분까지 기다리다가 먼저 잡니다."

AIT 훈련원에서 좋았던 점은, 선교 재훈련을 받는 인턴 2-3명을 한 팀으로 하여, 목자를 붙여 주는 것이었다. 그러면 공부뿐 만 아니라 생활의 모든 면에서 도움을 받을 수 있었다. 아빠에게는 캐나다 선교사였던 데니스가, 엄마에게는 필리핀 선교사였던 브린다가 목자였다. 브린다는 가수처럼 노래를 잘해서 가스펠송 테이프도 있었다.

또 하나 좋았던 것은, 각 인턴 가정을 위해 가까이 살고 있는 후원자를 맺어 주는 것이었다. 우리를 후원해 주는 가족은 노 부부였는데 식사 초대를 해 주거나, 또 출가한 자기 자녀의 집에 갈 때 우리를 데려갔다. 그분의 자녀는 아주 큰 목장을 했는데 경비행기를 타는 취미가 있었다. 한번은 우리 가족을 경비행장에 데려가서 겁 많은 엄마만 빼고 경비행기를 다 한 번씩 태워 줬다. 경비행기는 처음부터 혼자 뜰 수 있는 것이 아니었다. 훈련 비행사가 다른 비행기로 일정 고도로 이끌어 주어야만 날 수 있었다. 하늘에 낮게 떠서 내려다본 베이커즈필드는 그랜드캐년만큼 웅장하지는 않았지만 낮은 캐년이 끝없이 펼쳐 있었다.

AIT 훈련원과 협력해서 매년 선교축제를 갖는 베이커즈필드 교회가 있었다. 그날은 인터내셔널 푸드 잔치도 곁들여했다. 엄마는 김밥을 만들어 행사장에 일찍 갖다 놓았다. 축제의 맨 첫 순서는 각 나라의 국기를 들고 입장하는 것이었는데, 아빠도 환호와 축제의 분위기 속에서 태극기를 들고 입장했다. 이 행사를 눈여겨본 아빠와 엄마는 다시 헝가리로 들어가기 전에 이런 선교축제를 LA 세계등대교회에서 개최해야겠다고 생각했다.

1998년 12월 3일, 드디어 AIT 졸업식 날이 되었다. 어른들을 위한 졸업식은 그날 저녁에 있었고, 어린이들을 위한 졸업식은 오전에 있었다. 우리 아빠와 엄마는 수료증을 받았다. 나와 동생은 "유스 트랙" 수료증을 받았다. 그날의 하이라이트 중의 하나는 졸업생 중 한 명이 특송하는 것이었는데, 우리 아빠가 하게 되었다. 아빠는 어렸을 때부터 성가대를 해서 찬송을 잘했고, 또 대학 때 연극을 전공해서 발성이 좋았다. 굵직한 바리톤 음성이었다.

아빠는 "주 하나님 지으신 모든 세계"를 1절은 영어로, 2절은 한국어로 불렀다.

"하늘의 별, 울려 퍼지는 뇌성, 주님의 권능 우주에 찼네.

주님의 높고 위대하심을 내 영혼이 찬양하네~."

아빠의 특송이 끝나자 그곳에 있던 사람들이 아빠에게 박수갈채를 보냈다. 아빠의 사촌 누님 가족도 왔다. 그 후 학교 선생님이었던 사촌 누님의 딸이 다른 도시로 발령이 나서 온 가족이 이사를 가게 되었다. 참 신기했다. 마치 우리를 도와주기 위해 그때까지 베이커즈필드에 살았던 수호천사 같았다.

이제 미국에 온 목적을 어느 정도 달성한 것 같았다. 나와 동생은 베이커즈필드에서 한 쿼터만 공부한 것으로 만족해야 했다. 우리 가족은 일단 한국에 가기로 했다. 부모님은 한 달간 한국에 있다가 다시 미국으로 가서 모든 일들을 정리한 후, 헝가리로 돌아간다고 했다.

나와 동생은 좀 더 한국에 있기로 했다. 왜냐하면 나는 편도선과 아데노이드 절제 수술을 받아야 했기 때문이다. 할아버지와 할머니께서는 내가 장손이라 함께 있는 것만으로도 좋아하셨다. 다행히 수술이 잘 끝나서 나와 동생은 며칠 동안 작은아버지 댁에서 방학을 한 사촌들과 실컷 놀 수 있었다. 그날은 어른들이 다 나가서서 우리끼리 마음껏 게임을 했다. 그런데 갑자기 수술한 곳이 터져 피가 코와 입으로 철철 흘러나왔다. 어른들은 아무도 없고 너무 무서웠다. 그때, 사촌동생이 119에 급히 연락해서 앰뷸런스가 오고 나는 곧바로 병원으로 실려 갔다.

황급히 달려온 작은엄마는 그 후에도 나와 동생에게 참 잘 대해 주셨다. 용돈도 주셨고, 맛있는 것도 많이 만들어 주셨다. 또 재미있는 곳에도 데려가주셨다. 작은엄마는 그 후 8년 뒤, 췌장암으로 소천하셨다. 사촌들은 그때 중학교 3학년, 고등학교 2학년이었다.

1999년 새해에는 아빠의 4형제 가족이 할아버지 댁에서 다 함께 모였다. 아빠와 엄마는 새해를 보낸 뒤 먼저 미국 LA로 들어갔다. 헝가리로 귀국하기 전에 그동안 배우고 훈련받고 경험한 것들을 총정리하는 선교축제를 열기 위해서였다. 부모님은 사람들을 섭외하고, 프로그램을 짜고, 한인 커뮤니티의 방송국과 신문사 그리고 교회를 방문하느라 분주했다.

행사를 앞두고 나와 동생은 둘이서 비행기를 타고 미국 LA로 갔다. 부모님이 머물고 있는 교회 게스트 룸에서 우리도 같이 며칠 있었다. 부모님이 바빠서 늦게 돌아오는 날이면 나와 동생은 배가 무척 고팠다. 할 수 없이 게스트 룸의 화장실 세면대 물을 받아 전자레인지에 데운 뒤 컵라면에 부어서 먹기도 했다. 부엌이 없는 게스트 룸에서 더 있을 수 없어서, 우리 가족은 헝가리로 가기 전까지 아는 분 댁에서 한 달간 더부살이를 하기로 했다. 나와 동생은 학교도 못 가고 그 집에서 둘이 지내야 했다. 그 집에는 게임기나 인터넷도 없었다. 나는 동생에게 소곤소곤 말했다. 쥐나 새가 들을까봐….

"우리는 가난해서 돈이 없어."

"알았어." 동생이 고개를 끄덕였다.

"네가 칼리지에 가면 기숙사에 들어가야 하기 때문에 가족과 떨어져 살아야 해."

"응!" 동생은 눈물을 뚝뚝 떨어뜨리며 훌쩍거렸다.

우리는 마치 그런 날을 대비해서 연습하듯이 외로움을 견뎌 나가기로 했다.

"우리 전에 모세가 있을 때처럼 화음을 넣어서, 노래를 불러 보자. 아빠와 엄마가 오시면 불러 드리는 거야. 알겠지?"

그렇게 우리 둘은 성경책 뒤에 있는 500곡이 넘는 찬송가 노래를 하나하나 불러 나갔다. 성탄절 노래도 부르고, 모르는 것은 흥얼대다 넘어가고…. 아빠와 엄마가 집으로 돌아오면 나와 동생은 부모님을 부엌으로 데려와 식탁에 앉혀 놓고, 화음을 넣어 종일 연습했던 찬송가를 불러 드렸다. 집 주인 가족들이 모르게….

"귀하고 귀하다 우리 어머니가 들려주시던 재미있게 듣던 말~"

드디어 2월 27일, 아빠와 엄마가 계획한 선교축제인 LA 세계등대교회가 열리는 날이었다. 축제 이름은 엄마의 시집 제목인 "거친 들에서 올라오는 자"로 했다. 우리가 베이커즈필드에 있을 때 선교축제를 했던 미국교회의 성가대 팀을 초청했는데, 그들은 먼 길을 마다하지 않고 와 주었다. 브린다와 캐시 최도 성가대 팀과 함께 와서 솔로를 해 주었다.

캘리포니아 오페라단의 노형건 단장님 내외분과 엔젤 오토 하프 찬양단, 가스펠 가수 최명자, 가수 김성수 등 많은 분들이 오셔서 순서를 말아 주셨다. 행사가 끝난 후에 나는, "집으로 가자"라는 가스펠송을 만든 가수 김성수 씨를 만나러 갔다.

"아저씨! 그 머리 스타일, 어떻게 한 거예요?"

그때 나는 노래보다 헤어스타일에 더 관심이 있었다. 그 후 나도 헤어스타일을 바꿨는데 아마 사춘기가 그때부터 본격적으로 시작된 것 같다. 내가 처음 사춘기라고 느끼게 된 것은 베이커즈필드로 이사해서 중학교에 갔을 때였다. 수업이 끝나고 아빠가 나를 데리러 학교에 왔는데 아빠는 학교를 배경으로 사진을 찍자고 하셨다. 그런데 나는 사진 찍기 싫다면서 아빠 카메라를 쳐서 떨어뜨렸다. 그때는 왠지 사진 찍는 것이 친구들과 다른 사람들 보기에 창피하고 부끄러웠다.

그날 아빠는 아무 말 없이 나를 차에 태우고 집에 와서는, 나에게 방으로 들어오라고 하셨다. 나는 방에 들어가지 않고 부엌에 있는 엄마 옆에서 엉엉 울면서 원망만 했다. 아빠는 끝내 나를 방으로 불러 자리에 앉힌 뒤, 그때 상황을 하나하나 설명하셨다. 나는 아빠가 하시는 말씀을 들으면서 눈물을 뚝뚝 떨어뜨렸다.

"네가 모르는 것 한 가지는, 네가 여러 사람의 마음에 상처를 입혔다는 거야. 네가 카메라를 팽개치는 것을 본 주변 친구들도, 너 자신도, 아빠도 상처를 입었어. 그걸 본 친구들이 널 잘했다고 생각할까? 그렇지 않아. 오히려 이때까지 널 좋게 생각했던 사람들도 아마 놀랐을 거야. 앞으로는 네가 어떤 행동을 하기 전에 남을 한번 생각해 보기 바란다."

아빠의 훈계를 들으면서도 왠지 억울하다고 느꼈는데 지금 생각해 보면, 그때부터 나는 내 의지대로 하고 싶은 독립심과 자립심이 꿈틀거렸던 것 같다.

선교축제는 시화전도 겸했었는데, 도널드 아빠가 엄마의 시에 그림을 그려 액자에 넣어 주셨다. 스무여 점을 전시했는데 사람들이 다 사 갔다. 모든 순서의 피아노 반주를 위해 애리조나주에서부터 일곱 시간 차를 몰고 와 준 엄마의 죽마고우도 시 액자를 한 점 사 가셨다. 그때 다혜는 오지 않았다.

우리 가족은 다시 거친 들로 올라가야 했다. 하지만 솔로몬의 시처럼, 사랑하는 자들이 있어서 큰 힘이 되었다.

"그의 사랑하는 자를 의지하고 거친 들에서 올라오는 여자가 누구인가"(아 8:5).

3월 16일이면 루프트한자 비행기를 타고 LA에서 프랑크푸르트를 거쳐 부다페스트로 들어간다. 17시간 정도의 긴 비행 시간과 갈아타는 시간, 시차 등을 고려해 봤을 때 17일 밤이면 그곳에 도착할 것이다.

"받아놓은 날짜는 빨리 가네요." 주변 사람들이 말했다.

떠나기 며칠 전, 우리 가족은 샌버나디노의 조엔과 도널드네 집에서 열리는 환송 파티에 갔다. 우리가 살았던 샌버나디노로 오래간만에 돌아온 것이다. 이전에 초등학교 졸업식을 앞두고 있었던 댄스파티…, 내 인생에 있어서 처음으로 파트너 신청을 했는데, '노'라고 대답했던 조엔…, 비록 초등학교 6학년 때의 일이지만, 그때 거절당했던 그 감정이 내 잠재의식 안에 남아 여자에 대한 두려움을 갖게 했다. 도널드네 가족을 비롯하여, 도널드 고모네, 김 목사님 가족, 수잔 누나 가족, 최 선생님 가족이 모였다. 나는 이별의 슬픔보다 LA 갈비 바비큐며 맛있는 음식, 그리고 친구들과 노는 것에 더 정신이 팔려 있었다. 그때 벨소리가 났다.

"폴! 편지야."

엄마 친구 베키 아줌마가 집배원 아저씨 흉내를 내면서 편지 네 통을 가져왔다. 우리 주소를 베키 아줌마네 집 앞으로 해 놓았던 것이다. 이민국에서 온 것인데, 우리 식구 수대로 왔다. 그러면 뭐겠는가?

"와우! 영주권이다!"

그곳에 있던 모든 사람들이 환호성을 지르며 축하해 주었다.

"감사합니다! 고맙습니다!"

사실 우리 가족은 강 목사님의 배려로 영주권을 신청했지만, 4년이 지나도 나오지 않아 헝가리로 돌아가려고 했었다. 금요일에 그 우편물을 받은 베키 아줌마가 토요일에 우리가 샌버나디노로 온다는 소식을 듣고 '놀라게 해 주려고!' 말하지 않았던 것이다. 나는 영주권을 받은 것이 그렇게 놀라운 은혜인줄 나중에 알았다. 영주권이 없었다면 나와 동생은 미국 대학을 갈 수 없었을 것이다.

그리고 도널드 아빠가 우리 가족에게 선물을 주었다. 선물은 큰 종이에 싸여 있었다. 종이를 벗겨 낸 순간 우리는 깜짝 놀랐다. 직접 그린 큰 그림 액자였다. 우리 두 가족이 함께 하이킹도 하고 올챙이들을 쫓던 추억이 담긴 샌버나디노의 산과 개울, 종려나무가 그려져 있었다.

삶에서 가장 큰 축복은 바로 이런 좋은 사람들인 것 같다. 우리 가족은 많은 빚을 졌다. 사랑의 빚을!

4. 부다페스트에서, 사춘기와 폭풍성장

우리 가족은, 딱 5년 만에 헝가리 부다페스트로 다시 돌아왔다. 그날은 1999년 3월 17일이었다. 미국에서 살 때 뭐가 좋았냐고 묻는다면… 뭐랄까? 우물 안 개구리가 아닌, 확 트인 광활함 속에서 서로 아웅다웅 경쟁하기보다는, 각자를 존중해 주는 사회 분위기라고나 할까? 또 미국 교육의 장점과 특징은 시험을 위해서가 아니라, 정말 실제적인 생활을 위해서 학문을 배운다는 것이다. 그리고 언제나 적용하고, 경영하며, 평가한다는 것이다.

아빠와 엄마는 이틀 후에 우리가 살 집을 계약했다. 수요일 밤늦게 부다페스트에 도착해서 금요일 아침에 집을 구했으니, 거의 기적과도 같았다. 미국 AIT에서 타문화 적응 훈련을 받을 때, 우리 가족은 앞으로 살고 싶은 집을 그려본 적이 있었다. 나는 카펫 알레르기가 있어서 바닥을 나무로 그렸고, 아빠는 손님들이 많이 올 수 있는 큰 거실을, 그리고 엄마는 뜰이 있어서 웬디 같은 개도 키우고 나무와 꽃도 보며 한국 채소를 심을 수 있는 앞뒤 마당을 상상하며 그렸었다. 부모님은 나와 동생이 한창 자랄 나이니까 아파트보다 마음껏 뛸 수 있는 넓은 집이 좋겠다고 했다. 그런데 신기하게도 부다페스트에서 우리가 그렸던 것과 비슷한 집을 구할 수 있게 되었다.

무엇보다 아빠는 그 집 지하실에 포도주 저장고를 보고서는 기도하기에 딱 좋겠다며 '카타콤 기도실'이라고 이름을 붙였다. 뜰에는 복숭아나무와 살구나무 꽃이 피어 있었다. 렌트비도 환율에 관계없이 매달 700불로 고정되어 있었다. 100킬로미터 떨어진 발라톤 호수 근처에 사는 주인은 렌트비를 받는 날만 올 테니 집은 자유롭게 고쳐 써도 좋다고 했다.

그리고 우리는 'ICSB'(International Christian School of Budapest)에 갔다. 그 학교는 부모님이 소속된 선교회의 동유럽 국제본부에서 세운 학교로 독일에 있었는데, 1994년 가을 새 학기부터 부다페스트로 옮겨졌다. 본래는 선교사 자녀들을 위해서 세워졌는데, 미션스쿨로 문을 개방했고 쿼터제를 둬서 학생 비율을 조정했다.

그곳 교사들은 모두 선교사들이었다. 월급을 받지 않고 각자가 모금을 해서 생활했다. 교사 자녀들은 학비를 내지 않았다. 쿼터제는 학비 등급과도 관계가 있었다. 선교 차원에서 헝가리 학생들이 학비가 가장 저렴했다. 그 다음이 같은 선교회 소속 자녀였다. 나와 동생은 여기에 속했다. 그 뒤로는 다른 선교회 소속이나 목회자 자녀, 개인 사업가의 자녀 순이었다. 학비를 가장 많이 내는 학생은 회사에서 학비 보조를 받는 부모들의 자녀였다.

나와 동생은 학교 디렉터와 교장 선생님을 만나 면접을 보았다. 그리고 월요일에 시험을 치고 화요일부터 학교에 나갔다. 나와 동생은 미국 베이커즈필드에서 7학년(중1)과 5학년을 한 쿼터만 다니고 왔기 때문에 결석 기간이 석 달 이상이 되어 같은 학년으로 바로 들어가기는 어려웠다. 하지만 테스트 성적이 잘 나와 통과되었다.

새로운 학교에서의 생활이 시작되었다. 나는 시차를 그럭저럭 잘 견뎌 냈는데, 몸이 약한 동생은 시차 적응을 잘 못해서 학교 수업 중에도 졸고 책상 위에 엎드려 자기도 했다. 그런 동생을 반 아이들이 웃고 쑥덕거렸지만, 우리는 우리의 사정을 이해해 달라고 부탁하기보다는 그 상황을 어떻게든 이겨 내야만 했다. ICSB 학교는 1학년부터 12학년(고 3)까지 있는데 총 학생 수가 200명 가까이 되었다. 학년마다 한 반씩 있었고, 학년 평균 학생 수는 16명 정도였다. 학교가 작아서 서로 잘 아는, 가족적인 분위기였다.

전학을 왔으니 과목도, 교과서도, 선생님도, 친구도 다 새로웠다. 나는 자존심이 강해서 두 달 후면 학년이 끝나고 성적이 나오기 때문에 어떻게든 수업 진도를 따라가려고 노력했다. 동생은 힘들어했지만 부모님이 걱정할까봐 불평 한마디 하지 않고 혼자 훌쩍훌쩍 울며 선생님과 친구들을 귀찮게 하기 싫어 혼자 외롭게 이 시간들을 견뎌 나갔다.

"엄마! 그때가 내 인생에서 제일 힘들었어요. 친구들이 날 무시하니까요."

"미안하다, 아들아! 충분히 준비를 하고 갔었어야 했는데, 무조건 학교로 끌고 가서….."

나중에서야 동생도 엄마도 그때의 마음을 서로 털어놓았다.

엄마는 그 당시 ICSB 학교에 식당이 없어서 우리 도시락을 싸야 했고, 또 학교가 부다페스트 외곽 도시인 디오시디에 있었기 때문에 우리를 차로 데려다 주어야 했다. 그래서 엄마는 아침과 오후에 늘 분주했다. 아빠도 헝가리어를 배우기 위해 엄마와 함께 학원을 다니면서, 같은 선교 단체에 소속된 외국인 선교사(미국인, 독일인, 네덜란드인, 이태리인)와 헝가리인 스태프들 가운데서 적응하며 사역해 나가기란 결코 쉽지 않았다.

하루는 미국에서 전화가 왔다. 조엔과 도널드 부모님이었다.

"유고슬라비아 전쟁 소식에 걱정이 돼서요."

동유럽 나라들이 민족주의와 종교문제로 분쟁이 일고 있었다. 어떤 나라는 전쟁으로, 또 어떤 나라는 평화적으로 갈라졌다. 유고슬라비아는 여섯 개 공화국, 크로아티아, 슬로베니아, 마케도니아, 보스니아 헤르체고비나, 세르비아, 몬테네그로 나누어졌다. 코소보는 세르비아의 자치주로 UN이 주둔했다가 3년 후 자치정부를 구성했다. 체코슬로바키아도 체코와 슬로바키아로 분단됐다. 민족과 종교, 언어, 오랜 역사와 관습, 문화, 경제적인 이유로 나라가 갈라진 것이다.

우리 가족은 옆 나라의 전쟁보다 다시 돌아온 삶의 터전에서 겪는 일들로 인해 하루하루 살기도 바빴다. 그리고 우리가 안정될 쯤, 내 동생의 단짝 친구인 도널드가 그의 누나 조엔과 함께 여름방학을 맞이해 우리 집에 놀러 왔다. 샌버나디노에서 부다페스트까지는 27,000킬로미터 떨어져 있는데 차로는 1,040시간, 비행기로는 15시간 걸렸다. 자녀들의 우정을 위해 부모님들이 그 경비를 후원해 주었다.

"아빠한테 인사하고 와!"

삼단 도시락에 국까지 넣은 엄마는 급히 차 키를 들고 나가면서 우리에게 지시했다. 학교 갈 때마다 나와 동생은 아빠에게 인사하러 갔다. 아빠는 새벽부터 카타콤 기도실에서 성경을 읽고 묵상하며 기도했다. 우리를 위해 기도하는 아빠의 기도 소리를 듣고 학교에 가면 마음이 든든했다. 엄마는 차 운전을 하면서 우리에게 여러 가지 교훈의 말씀을 해 주셨다.

"유비무환! 고진감래! 새옹지마!"

엄마는 헝가리 친구 아그네스를 5년 만에 다시 만났다. 아그네스는 젊은 영어학원 교사인데 엄마가 헝가리에서 운전면허를 딸 때 통역으로 많이 도와주셨던 분이다. 그 후 미용실이나, 시장에 같이 갔는데, 그러다 보니 무슨 일이 있을 때마다 서로 돕는 단짝 친구가 되었다. 아그네스 선생님은 다시 헝가리에 온 우리 가족을 자기 집에 초대했다.

아그네스 선생님의 부모님도 같이 온다고 해서, 우리는 태권도복을 가지고 갔다. 어른들 앞에서 뭔가 발표를 해서 기쁘게 해 드리고 싶었던 것이다. 헝가리의 유명한 전통 스프인 구야쉬와 파프리카 치킨을 먹었다. 후식으로는 초코 푸딩과 애플 케이크를 먹었다. 식사 후 나와 동생은 태권도 시범을 보여 드렸다.

아그네스 선생님의 아버지는 지체 부자유자 시설의 원장으로 부다페스트에서 30킬로미터 떨어진, 바츠라는 곳에 계셨다. 아그네스 선생님의 어머니는 화가셨고, 그림으로 카드를 만드는 분이셨다. 그 후 우리 가족은 위문공연단을 만들어 장애인 시설에 가서 노래, 악기연주, 드라마 등의 공연을 했고, 아그네스 선생님의 어머니께서 연 그림 전시회에도 갔다.

아빠와 엄마가 소속된 선교회에서 직원 컨퍼런스가 있었다. 컨퍼런스 주제는 "뉴라이프 동유럽"이었다. 저녁 만찬은 직원 가족을 다 초대하는 자리였기에 우리도 그곳에 갈 수 있었다. 그날 메뉴는 양파 스프였다. 둥그런 식빵에 구멍을 뚫고 빵의 속을 파낸 뒤 양파와 치즈로 만든 스프를 넣은 것이다. 스프를 먼저 먹고 난 뒤에 빵을 뜯어먹는 요리였다. 동생이 말했다.

"엄마! 이거 쥐가 갉아먹듯이 먹는 거야?"

그 다음날 학교를 가려는데 동생이 많이 아팠다. 학교에 적응하느라 스트레스를 받은데다가 전날 먹은 음식이 안 맞았나 보다. 아빠와 엄마는 우리를 학교에 데려다 준 뒤, 컨퍼런스의 마지막 행사에 갔다. 동생은 증세가 더 심해져서, 학교에서 연락이 왔다. 동생은 집에 가서 구토를 한 뒤 잠이 들었다. 동생이 더 많이 여위었다. 나 역시 새로운 학교에 적응하느라 살이 많이 빠졌다.

학교에서 소풍 가는 날이었다. 장소는 다뉴브강에 떠 있는 전체가 하나의 공원인, 마르기트 섬이었다. 열두 학년이 모두 한 곳으로 가서 가족들과 함께 어울리는 날이었다. 조는 크게 조등학생과 중고등학생으로 나눈 뒤, 중고등학생들은 우리나라의 청군과 백군처럼, 빨강, 파랑, 노랑, 흰색 네 조로 나누고 티셔츠도 색깔별로 입었다. 빨간색 조인 나는 미리 빨간색 티를 챙겨 뒀는데, 노란색 조인 동생은 당일 아침에 노란색 티를 찾으려니 집에 없었다. 노란색 티가 필요하다고 미리 말하지 않던 동생은 엄마에게 엄청 잔소리를 들어야 했다.

"유.비.무.환! 몰라? 엄마가 몇 번 말했어. 응?"

엄마는 아침 출근시간의 교통체증을 뚫고 가까스로 소풍 장소인 마르기트 섬에 우리를 내려 준 뒤, 근처 중국시장에 가서 노란색 티를 사왔다. 그리고 얼른 동생에게 주었다.

드디어 운동회가 시작되었다. 먼저 조별 응원가 복창 시간이 있었다. 조마다 그동안 비밀스럽게 준비해 온 독특한 응원가를 발표하였다. 노란색 조 차례였다. 갑자기 한 학생이 나와서 브레이크 댄스와 팝핑을 하는데, 멋있고 신기하고 재미있어서 모두 함성을 지르며 환호했다.

"응? 성훈이잖아?"

퍼포먼스가 끝난 뒤 자세히 보니 바로 내 동생이었다. 엄마도 깜짝 놀랐다. 엄마는 아침에 너무 야단친 것이 마음에 걸렸는지 집에 돌아오는 차 안에서 동생에게 말했다.

"그런 순서를 맡았으면 미리 말하지. 엄마가 아침에 널 너무 몰아세웠잖아? 미안해!"

소풍 후 일주일간 학기말 시험을 치면 6월 초에 종업식을 한다. 하필 그때 나와 동생은 꽃가루 알레르기에 걸렸다. 학기말 시험을 준비해야 하는데, 눈물 콧물이 범벅이 되고 머리까지 아파서 공부하기가 너무 힘들었다. 알레르기 약을 먹으니 졸음이 몰려왔다. 모든 걸 견뎌 내야만 했다. 동생이 말했다.

"엄마! 이 세상에 알레르기로 고통받는 사람이 없었으면 좋겠어."

힘들게 학기말 시험을 끝냈다. 이제 며칠 후면 종업식을 하고 방학이었다. 학교에서 우리 부모님을 호출했다. 동생이 6학년에 올라갈 나이가 아직 안 되고, 전학 오기 전에 이미 결석 일수가 한 쿼터에 해당하는 석 달이 넘는데다가, 성적도 기대한 만큼 나오지 않아, 부모님의 생각을 듣고 싶다는 것이었다.

"저희가 책임지겠으니, 성훈이를 6학년에 진학시켜 주십시오."

학교에서는 아빠와 엄마의 의견을 존중해 주었다. 종업시 날은 여러 종류의 상을 주는 날이다. 동생은 친구들이 상을 받을 때마다 하이파이브를 하며 축하해 주기에 바빴다. 동생은 6학년으로 올라가는 리본을 겨우 받았다. 그런데 9학년이 되자 차츰 두각을 드러내기 시작했다. 동생은 대기만성형이었다.

방학이 되자 아빠와 엄마는 우리에게 한글 공부를 시켜놓고 헝가리어 인텐시브 코스에 다녔다. 매일 네 시간씩, 120시간을 공부했다. 그 과정을 모두 끝낸 마지막 주말에 부모님은 함께 공부했던 사람들을 우리 집에 초대했다. 인텐시브 과정에서 공부하는 사람들은 대개 시간이 없지만 비즈니스 때문에 헝가리어를 배우러 온 경우이다. 그날 우리 집에 온 사람들은 벨기에 대사관 공사를 비롯하여 거의 다 사회 전문인들이었다.

엄마는 가까이 살고 있는 우리 학교 학부형인 재언이 어머니에게 부탁해서 한국 음식을 함께 만들었다. 김밥, 잡채, 불고기, 샐러드, 김치를 부페식으로 차렸다. 아빠는 의자를 거실에 둥그렇게 놓았다. 손님들은 꽃이나 와인을 선물로 가져왔다. 그들은 서로 인사를 나눈 뒤 각자 음식을 떠와서 즐겁게 대화하며 먹었다. 나와 동생도 음식을 가져와 조용히 먹었다. 후식으로 헝가리 케이크를 먹으면서 헝가리어 과정을 끝낸 소감을 돌아가면서 나누기도 했다. 마지막 순서로 아빠가 인사말을 할 차례였다.

"나는 헝가리에 선교사로 왔습니다. 하나님은 당신을 사랑하시며, 당신을 위한 놀라운 계획을 가지고 있습니다. 끝으로 헝가리 애국가인 힘누스를 한번 다 같이 불러 봅시다. 이것은 국가를 위한 기도문입니다."

아빠는 미리 복사해 놓은 악보를 돌렸다. 엄마는 풍금을 쳤다.

"하나님이여 헝가리인을 품어 주소서.

힘 있고 풍성해지도록 가호의 손길을 내리소서.

만일 적과 싸우게 된다면 불운하게 오랜 기간 고통을 당해온 이 백성이 이미 속죄한 과거로 미래를 지켜 주소서."

힘누스를 부른 뒤, 손님들은 서로 인사를 나누며 헤어졌다.

"오늘 이렇게 헝가리어 종강파티로 저희 집에 와 주셔서 감사합니다!
안녕히 가십시오!"

그날 밤, 우리 가족은 잠자리에 들기 전에 평가회를 했다. 내가 이렇
게 말했다.

"아빠! 오늘 다 잘 했는데, 한 가지 아쉬운 게 있어요.
외국인들은 아빠처럼 종교나 신앙에 대해서는 잘 말하지 않아요."

"아하! 그래서 좀 불편했어?"

"예! 강이 얼었다고 한번 생각해 보세요. 얼음 밑의 물을 얻으려면,
두 가지 방법이 있어요. 얼음을 깨든지, 얼음을 녹이든지. 오늘 아빠는
얼음을 깨서 그 밑에 있는 물을 얻으려고 한 거예요."

"팀! 좋은 비유인데, 그럼 넌 어떻게 하는 것이 좋겠니?"

아빠의 물음에 나는 이렇게 대답했다.

"'여러분! 저는 아시다시피 선교사이며 목사입니다. 의문이 있으면
언제든지 연락 주세요.' 그렇게 말한 뒤, 우선 신뢰를 쌓아갈 거 같아요."

"아들아! 고맙다! 네 말도 맞다. 그러나 아빠도 최선을 다했다."

"모두 수고했어요. 팀이 다 컸구나. 박수! 그럼, 이제 굿나잇!"

엄마의 박수 선동에 우리는 잠자리에 들었다.

우리 집에는 큰 차고가 있었다. 주인집 아들이 차수리업을 했기 때문
이다. 부모님은 그곳을 개조했다. 페인트칠을 하고, 모노륨 장판을 깔았
다. 또 옆집 목수 아저씨를 불러 벽에 선반을 달고, 들고 다닐 수 있는 나

무 보면대도 만들었다. 엄마는 천장 테두리를 장미꽃 모양 셀로판지로 찍은 후 물감을 칠해 장식했다. 거울과 그림액자도 달고, 의자도 갖다 놓았다. 커피 포터를 올려놓고, 풍금도 비스듬히 놓으니, 도서실 같기도 하고, 카페 같기도 했다.

부모님은 그곳을 세미나실, 예배 처소, 무료 문화공간으로 사용하기로 했다. 아빠와 엄마 둘 다 지하 카타콤 기도실로 가다가 가파른 계단에서 굴러 떨어진 후였다. 예쁘게 개조한 차고에서 여러 행사를 주기적으로 열었다. 심영기 박사의 창조과학 세미나, 박기택 오페라 가수의 음악 세미나, 박수웅 의사의 건강과 가정에 대한 세미나, 김신호 회계사의 재정관리 세미나 등을 열었다.

그 외에도 아빠와 엄마는 국제적으로 결혼한 커플들과 헝가리 청년들을 위한 결혼 세미나, 부부 세미나, 자녀 세미나 등을 열었다. 그 당시 부모님이 세미나를 진행할 때는 헝가리어보다 영어가 더 편해서, 엄마친구 아그네스 선생님이 통역을 해 주었다. 세미나를 듣고 제일 먼저 결혼한 사람은 바로 아그네스 선생님이었다. 서른여덟 살에….

그때 우리 가족은 처음으로 헝가리 전통 결혼식을 풀코스로 참석했다. 헝가리 민속촌인 센텐드레에 있는 교회에서 식을 올린 후, 비셀그라드 강가에 있는 헝가리 전통 레스토랑에서 잔치를 열었다. 화려한 전통 의상을 입고 갖가지 헝가리 음식을 먹으며 춤을 추는 흥겨움이 밤새 이어졌다. 우리를 보고 "꼬레아이, 꼬레아이" 하면서 함께 춤을 추자고도 했다. 우리 가족은 마치 영화 속에 있는 것 같았다.

겨울이 되어 눈이 오기 시작했다. 그날도 우리 집에서 행사가 있어

나와 동생은 손님들이 다 간 후에 숙제를 하고 잠자리에 들었다. 새벽 두 시가 넘은 시간이었다.

"스노우 데이면 얼마나 좋을까?"

그런데 그날 새벽 6시에 전화벨이 울렸다. 학교에서 연락이 온 것이다. 와우! 밤새 폭설이 내려 학교에 오지 않아도 된다고 했다. 신나는 스노우 데이였다. 엄마는 연락망을 통해 그 다음 집에도 알렸다. 함박눈이 펑펑 내리고 있었다. 아빠가 우리를 깨웠다. 학교를 안 가게 됐으니 함께 가정예배를 드리자고 했다. 우리는 기뻐서 함성을 터뜨리다 입이 쑥 들어갔다.

"마리아가 향유를 예수님의 발에 붓고 자기 머리카락으로 그의 발을 씻으니 향기가 집에 가득했다. 너희는 가장 귀한 것, 무엇을 바칠여?"

아빠 말투는 왠지 좀 코믹한 데가 있었다. "바칠여?" 나는 웃음부터 나왔지만 잠이 덜 깨서 졸리는 음성으로 말했다.

"침대!"

동생이 금방 눈치를 채고 말했다.

"나도! 너무 졸려."

지금 가장 소중한 것은 침대였다. 가서 더 잘 수 있는 푹신한 침대….

하지만 그날 우리 삼부자는 눈사람 하나를 크게 만들어 놓고, 눈을 쓸어 내느라 땀으로 옷이 흠뻑 젖었다. 다음날도 연속 스노우 데이였다. 가정예배 때는 아빠가 '외식하는 자(바리새인)'에 대해 말씀하셨다.

"겉만 번지르하면 안 돼. 속이 진실해야 한다. 사람들은 밖을 치장하지만 우리는 마음을 데코레이션하고 메이크업해야 해. 알겠지?"

그때 동생이 말했다.

"아빠! 남자는 메이크업 안 하잖아요?"

우리는 모두 웃어 젖혔다.

그 다음 날은 주말이어서 학교를 가지 않았다. 이번에는 아빠가 '오병이어' 기적에 대해 말했다. 한 어린아이가 자기 도시락인 보리떡 다섯 개와 물고기 두 마리를 드렸는데, 예수님께서 기도하신 후 나눠 주자 5천 명을 먹이고도 열두 광주리 가득 남은 조각을 채웠다는 내용이었다.

"너희들은 가진 것이 무엇이냐?"

그때 엄마가 불쑥 말했다.

"난 아빠!"

우리는 키들키들 웃기 시작했다. 동생이 말했다.

"어떻게 아빠를 나누어 줘요?"

다이어트는 정말 힘든 일이다. 초등학교 6학년 졸업 직전, 댄스 파티 파트너를 신청할 때 지독하게 했던 다이어트! 그 후로 나는 두 번째 다이어트에 들어갔다. 헝가리에 와서 살이 좀 빠졌지만 이제 몸을 제대로 만들고 싶었다. 처음에는 무거운 백팩을 메고 우리 집 열세 계단을 세어 가며 오르락내리락했다. 그 다음에는 무거운 백팩을 메고 한 손에는 아령을 쥐고 계단을 올라 다녔다. 땀이 비 오듯 쏟아졌다. 내일 시험이 있어도, 시험 잘 보게 해 달라고 기도하지 않고 다이어트를 잘 하게 해 달라고 기도했다. 운동을 끝내고 샤워하러 가기 전에 가방에 담았던 책들을 우르르 꺼내자 엄마가 깜짝 놀랐다.

"뭘 집어넣었나 했더니, 성경책과 찬송가였어?"

"헤헤! 그게 다른 책보다 훨씬 무겁잖아요?"

드디어 나는 머리도 노랗게 물들였다. 엄마가 말했다.

"그래! 하고 싶은 것 한번 다 해 봐라. 자연적인 게 제일 좋지만…."

아빠는 이런 나를 못마땅하게 여겼지만, 할 수 없이 체념하는 것 같았다. 나도 친구들처럼 스타 크래프트 게임 CD를 샀다. 이제껏 모아 놓은 돈을 다 털어서 말이다. 그러고선 학교에 갔다 집에 오면 게임을 했다. 엄마 말처럼 숙제는 해 놓고…. 엄마는 내가 더 반발할까봐 묵인해 줬는데, 나는 개의치 않고 컴퓨터 앞에 붙어 있다시피 했다.

그러다 결국 아빠는 나에게 게임 CD를 가져오라고 했다. 마지못해 갖다드렸더니, 내 눈 앞에서 게임 CD를 부수어 버렸다. 아빠가 미웠다. 나는 울분을 참을 수가 없었다. 얼마 주고 산 건데…, 친구들도 다 하는데…, 왜 나만 못하게 하지? 주먹 쥔 손을 시멘트 벽에 치면서 울었다. 손등과 손가락 연결 뼈마다 피멍이 들었다. 나는 벽을 향하여 울면서 소리쳤다.

"난 목사가 아니야. 내가 선교사야? 나는 나란 말이야!'

나는 화가 잔뜩 난 채 집을 나와 한국 친구 집으로 갔다. 나이가 두 살 많은 형이었는데, 마침 형은 집에 혼자 있었다. 형이 인터넷으로 이상한 것을 보여 줬다. 마침 그때 한 삼촌이 들어왔다.

"너희들 뭘 봤어? 엉?"

나는 죄를 짓다 들킨 것 같아서 얼른 집으로 왔다. 하지만 그 삼촌이 주변 한국인들에게 말하는 바람에 아빠와 엄마한테까지 소문이 들어갔다. 아빠가 나를 불렀다.

"너 그 형과 인터넷으로 나쁜 것 봤어?"

"예! 조금…."

"잘 했어? 잘못 했어?"

"잘못 했어요."

"몇 대 맞으면 좋겠니?"

"다섯 대….'

"인터넷에 나쁜 것이 떠도 아예 클릭하지 않기로 결단을 해! 알겠어?"

아빠는 나를 의자 위에 세운 후, 다섯 대의 두 배를 회초리로 때렸다. 그리고 옆에 서서 무서워 벌벌 떨고 있는 동생에게도 경고의 뜻으로 회초리 한 대를 세게 때렸다. 우리 둘은 엉엉 울었다.

나는 아빠에게 그렇게 딱 두 번 매를 맞았다. 한 번은 학교에서 욕해서, 또 한 번은 인터넷으로 좋지 않은 것을 보아서. 그 후로 나는 내가 죄를 짓게 될까 봐 두려웠다. 나는 사춘기 때 더 이상 반항하지 않게 됐다. 그리고 뚱뚱했던 나는 정말 살이 키로 갔는지 자고 나면 키가 커 있었다. 학교에서 신체검사를 했을 때, 그 해에 17센티미터가 자랐다는 것을 알게 되었다. 그야말로 폭풍성장이었다.

헝가리의 1956년 10월 23일은, 우리나라의 3 · 1절과 같다. 헝가리인들이 소련에 저항하여 혁명을 일으킨 날이다. 김춘수 시인이 쓴 "부다페스트 소녀의 죽음"이라는 시도 바로 그날의 현장을 바탕으로 쓴 것이다. 우리 집 주인 안탈 아저씨가 국경일을 맞아 우리 가족을 쉬오포크에 있는 자기 집에 초대했다. 그 마을은 중앙 유럽에서 가장 큰 발라톤 호수 주변에 있는 수십 개 도시 중의 하나였다.

헝가리는 산도 별로 없는 평지 국가에다 바다도 없었기 때문에 발라톤 호수에 대한 사랑이 극진했다. 아빠가 가스펠송 중에, "내게 바다 같은 사랑"을 "내게 발라톤 같은 사랑"이라고 바꿔 부르면 헝가리인들은 매우 좋아했다. 안탈 아저씨 집은 노란색이었고, 발코니가 넓었으며, 뒤 뜰에는 돼지, 소, 오리, 닭, 개들이 있었다. 그리고 넓은 호박밭도 있었는 데 호박은 모양이 울퉁불퉁하고 색은 알록달록 예뻤다. 사람이 못 먹는 호박은 장식용이나 돼지사료로 쓴다고 했다.

"아하! 그래서 돼지호박이라고 부르는구나."

엄마가 국어 교사여서 그런지 단어에 대한 감동이 더 큰 것 같다.

방에는 그 집안의 가문을 보듯 조상들과 자녀에 이르기까지 오래된 사진이 붙어 있었다. 이런 유럽의 전통이 미국으로 건너간 개척자들에 의해 지금까지 내려오나 보다. 한국인 집에 가면 지금의 가족사진이나 결혼사진, 졸업사진 등이 크게 걸려 있지만, 유럽이나 미국 가정에는 항 상 이렇게 오래된 조상들의 흑백사진이 붙어 있다.

거실에는 헝가리 전통 테이블이 준비되어 있었다. 수예로 만든 화려 한 테이블보에 접시와 숟가락, 포크, 나이프, 냅킨, 소금과 후추통 그리 고 식빵이 놓여 있었다. 음식은 헝가리 스프에서부터 감자튀김, 돼지갈 비, 닭요리, 오이와 양배추 피클, 바닐라 푸딩과 케이크, 커피까지 차례 로 나왔다. 우리는 헝가리 음식을 먹으면서 헝가리 역사에 대해서도 귀 기울여 들었다.

"그날은 내가 자전거를 타고 학교로 가고 있었어요. 내 나이 열 살 때 였죠. 그런데 사람들이 집에 돌아가라는 거예요. 소련의 압제에 참고 있 던 우리 헝가리인들이 힘을 모아 항거한 것입니다. 그러자 소련군이 탱 크로 저항하는 우리 국민들을 짓밟아 버렸습니다. 피를 많이 흘렸죠. 소 련군이 모든 것을 빼앗아 가는 바람에, 우리는 성실을 잃어버렸어요. 성실을…."

"아하! 성실하게 일해 봤자 지배받고 빼앗기기는 마찬가지라고 생각했던 거군요."

"맞습니다."

그때 안탈 아저씨의 친구, 라찌 아저씨가 왔다. 돼지 한 마리를 샀는데 안전하게 옮기기 위해 케이지(cage)를 빌리러 온 것이다. 안탈 아저씨는 우리에게 보여 줄 것이 있다면서 우리에게 함께 가자고 했다. 바로 포도주 저장고였다. 시골에는 대부분 집집마다 이런 저장고가 있었다. 포도주 저장고는 움막인데 들어가면 넓은 지하 계단으로 되어 있었다. 지하 일단에는 양벽으로 공구들이 가지런히 정렬되어 있었고, 농기구나 눈 치울 때 쓰는 청소도구들, 케이지도 놓여 있었다. 빨간 고추, 마늘, 옥수수 등 말린 곡류도 매달려 있었고, 한쪽에는 감자도 수북이 쌓여 있었다.

이단 지하로 들어가니 포도주통이 그림에서나 보던 것처럼 옆으로 쭉 나열되어 있었다. 안탈 아저씨는 직접 담은 포도주의 맛을 우리에게 자랑하고 싶어 했다. 포도주통에서 유리로 된 대롱 꽃부리 빨대를 사용해서 와인을 병에 옮겨 담는 방법은 참 신기했다. 유리 빨대의 긴 쪽은 포도주통의 주둥이에 넣고, 짧은 쪽은 사람의 입에 넣고 흡입했다. 빨아들이는 공기의 힘으로 포도주가 흘러나오면 빨대의 위쪽 둥근 꽃부리에 포도주가 모였다. 거기에 포도주가 차면 얼른 와인 병에 넣는 것이었다. 포도주는 피처럼 진했다. 안탈 아저씨가 술잔에 와인을 조금씩 따라 주었다.

"건강을 위하여!"

아빠와 엄마는 안탈 아저씨가 직접 만든 헝가리 포도주를 혀끝으로 살짝 맛보며 칭찬해 주었다. 라찌 아저씨는 케이지를 들고 갔고, 우리는 큰 돼지호박 두 개를 선물로 받아 인사를 나눈 뒤 집으로 향했다. 고속도로를 타고 집에 오는데 차 트렁크에 실은 돼지호박이 데굴데굴 굴러다녔다. 헝가리 국경일을 맞아 헝가리인의 시골 인심을 듬뿍 받고 오면서, 아빠는 헝가리 역사에 대해 우리에게 좀 더 설명해 주었다.

"헝가리는 말이야, 896년경에 중앙아시아에서 유목민으로 돌아다니다가 이곳에 정착한 마자르족이야. 주변 강대국으로부터 여러 번 침입과 지배를 받았어. 몽고, 터키, 합스부르크가, 소련과 같은 나라들한테. 그래서 국토의 2/3를 빼앗겼고, 그 땅에 살던 헝가리인들은 졸지에 다른 나라 국적이 되어 버린 거야. 우리나라처럼 한이 많은 민족이지. 그러니까 헝가리 사람들은 우리나라 시골 사람들 같이 인심 좋고, 인정이 많아. 그렇지?"

나는 수학에 약했다. 그래서 수학에 있어서는 노력형이 될 수밖에 없었다. 머리 좋은 아이들이 20분 걸리는 숙제를 나는 2시간 걸릴 때도 있었다. 한번은 기하학 1학기 총정리로 여덟 문제를 풀어 가는 숙제가 있었다. 그런데 그중 하나는 도저히 못 풀겠어서 그냥 잤다. 그랬더니 엄마가 새벽에 나를 깨웠다. 시계를 보니 새벽 6시도 채 안 됐었다.

"숙제를 끝내야지? 엄마가 풀었어."

"진짜? 언제 했어요?"

"새벽 4시도 안 돼서 일어나, 두 시간 넘게 걸려 한 문제 풀었어."

"내가 엄마를 닮았구나! 한 문제 푸는 데 두 시간 넘게 걸리니. 히히!"

"그래! 그래도 힘들게 한 것은 쉽게 잊히지 않을 거야."

"고마워요, 맘!"

엄마는 우리 학교 학부형 모임인 "맘 인 터치"에도 빠지지 않고 나갔다. 월요일 아침마다 학부형들이 모여 학교와 교사, 자녀들을 위해 기도했고, 또 학교 행사가 있으면 의논해서 여러모로 도왔다. 우리 학교 강당에는 열세 나라의 국기가 꽂혀 있다. 여러 나라에서 온 학생들 중에, 한국인이 많을 때는 전체 학생수의 10퍼센트 정도, 적을 때는 3퍼센트 정도 차지했다. 대부분이 선교사 자녀, 공무원 연수생 자녀, 개인 사업가 자녀였다.

한국인 어머니들은 학교에서 일 년에 세 차례 한국 음식으로 봉사했다. 인터내셔널 푸드 데이와 크리스마스, 스승의 날 때였다. 그때가 되면 어머니들은 인기 있는 한국 음식과 조그만 선물, 꽃을 준비해서 모든 교사들에게 똑같이 감사를 표했다. 촌지 같은 것은 아예 없었다.

한번은 학교에서 이 검사를 했는데, 한국 학생이 걸렸다. 다음날 학교에서는 그 학생을 도로 집에 보냈다. 한국 아줌마 파워는 알아 줘야 한다. 한국 엄마들은 학비를 하루당으로 계산해서, 하루 결석하면 몇 십 불씩 손해 본다고 생각한다. 또 수업을 빠지면 따라가기 어렵고 성적도 잘 안 나올까 봐 무척 걱정한다. 이 검사에 걸린 학생의 어머니가 우리 엄마에게 도와달라고 전화를 했다. 엄마가 내게 물었다.

"아들! 이럴 땐 어떻게 하면 돼?"

"우선 아이 머리를 잘 감기고, 옷도 갈아 입혀서, 다시 학교로 보내."

힌트를 얻은 엄마는 학교 앞에서 그 어머니와 학생을 만난 뒤, 담당 선생님께 갔다.

"본래 이가 없는데 무슨 오해가 있었나 봅니다. 다시 검사해 주세요."

그 결과 학생은 다시 이 검사를 했고 무사히 통과되었다. 학교에서 공부를 할 수 있게 된 것이다. 그제야 학생 어머니도 안심했다. 학교만 원망하고 집에 있었다면 더 화나고 속상했을 것이다.

또 한번은 한 가정의 아버지가 공무원 연수기간이 끝나서 한국에 들어가야 했다. 자녀들은 이 학교를 좋아하고, 부모도 아이들이 좀 더 영어를 배웠으면 했다. 더구나 한 학기만 더 하고 가면, 한국에 가서도 다음 학년으로 자연스럽게 넘어갈 수 있었다. 하지만 아빠는 한국에, 남은 식구는 헝가리에 살면 생활비가 이중으로 드니 경제적으로 부담이 되었다. 그분의 사정을 들은 엄마는 학교 교장 선생님을 찾아갔다.

"우리 한국 학생들이 이 학교를 아주 좋아하고, 부모님들도 감사해합니다. 그 학생들이 한 학기만 더 다니고 갈 수 있도록 장학금을 주면 좋겠습니다. 가능할까요?"

"아시다시피 우리 학교는 이미 장학금을 주고 있는 것과 같습니다.

부모의 연 수입에 비례해서 학비를 받고 있기 때문입니다."

"압니다. 그러나 한 번만 더 기회를 주시면 그 학생이 평생 감사해할 것입니다."

"우리 학교에서 그런 적이 없는데, 얼마 정도 보조를 해 주면 되겠습니까?"

"그건 저도 잘 모르겠습니다. 학교 판단에 따르겠습니다."

"그러면 1,000불을 크레딧으로 줘서, 학비에서 깎겠습니다."

모두 기뻐했다. 초등학생이었던 그 아이는 지금 여대생이 되었다.

우리 집에서 새를 키운 적이 있는데, 항상 잉꼬였다. 그런데 이번에는 '다이아몬드 비둘기' 한 쌍을 키우게 되었다. 비둘기처럼 생겼는데 몸집이 작고 회색에 하얀 점이 찍혀 있어서 다이아몬드 비둘기라고 불렀다. 헝가리인 야노쉬와 안드레아 부부가 우리에게 선물해 준 것이다. 우리는 집에 손님이 올 때면 항상 새장 청소부터 했다. 그런데 새장 청소를 하다가 그만 새 한 마리가 날아가 버렸다.

그 새가 우리 옆집 목수 아저씨 집 지붕으로 날아가서 거기 꼼짝 않고 앉아 있었다. 아저씨가 사다리를 놓고 잠자리채로 잡으려고 했지만 실패했다. 헝가리에는 매미나 잠자리를 보기 힘드니까 나비채라고 해야겠다. 새는 멀리 가지 않고 우리 집 주변으로만 날았다. 어느새 바로 우리 앞집 할머니네 발코니로 날아가 앉았다. 목수 아저씨가 말했다.

"새가 날다 지치면, 그때 잡도록 해요."

한참 후 새는 우리 옆집 일롱까 할머니집 무화과나무로 날아갔다. '지쳤겠지' 하고 아빠가 사다리를 놓고 올라가 나비채를 휘둘렀는데, 그만 새는 날아가고 아빠는 무화과나무 아래로 떨어졌다. 순간 나무가 휘청거렸다. 무화과나무 가지가 휘고 부러지면서 아빠는 몸의 중심을 잃고 땅바닥으로 쓰러졌다. 엄마의 도움으로 아빠가 겨우 일어났는데 여기저기 살갗이 벗겨지고 피가 났다. 엄마는 무화과나무 진을 발라 줬다.

새를 잃어버린 지 삼 일째, 일롱까 할머니가 황급히 엄마를 불렀다.

"꺼띠! 여기 새 있어. 새!" 꺼띠는 엄마의 헝가리 이름이다.

"어디요?"

"바로 내 손 안에."

"엉? 아빠! 빨리 새장 갖고 오세요."

삼 일 만에 새를 찾았다. 일롱까 할머니가 토마토에 물을 주려다가 거기 지쳐 앉아 있는 새를 보고 덮쳤던 것이다. 그런데 새는 꽁지가 뽑혀 마치 털 뽑힌 닭 같았다. 고양이한테 당했나 보다. 돌아온 탕자, 아니 탕조(蕩鳥)였다. 엄마 이름 꺼띠는 일롱까 할머니가 지어 줬는데 캐서린의 애칭이다.

ICSB 학교 건물은 작았다. 이전에 팬션이었으니까, 미국의 작은 여관만 했다. 3층 건물 안에 1학년에서부터 12학년까지, 학생 수가 200명 정도 되었는데, 장소가 협소해서 복닥거렸다. 학생 가족 수로 하면 한 오십 가정 정도 됐다. 그러니까 학년 구별 없이 서로 잘 알고 지냈다.

고등학교는 9학년부터 12학년까지였다. 내 동생은 6학년 때 겨우 진급한 후 8학년 때까지는 조용하고 눈에 별로 띄는 아이가 아니었다. 그런데 동생이 9학년, 내가 11학년을 마치는 종업식 날에는 달랐다. 그날은 각 과목별로 최우수상을 먼저 주고, 그 다음에 개근상, 봉사상 등을 수여했다. 학과목 최우수상은 두 학년씩 묶어서, 최고 우수학생에게 주는 상이다. 맨 처음 과목은 영어였다.

"9학년과 10학년에서, 영어 최우수 학생, 성훈 김!"

내 동생이 호명되었다. 동생은 어리둥절해서 앞으로 나갔다. 교장 선생님께 상장을 받고 자기 자리로 돌아오는 길에 친구들과 하이파이브를 했다.

"이상해! 영어 최우수상을 한국 사람이 받다니…."

동생은 "내가 영어 상을 받다니"라고 하지 않고, "한국 사람이 받다니"라고 했다. 아빠와 엄마도 그 자리에서 격려의 박수를 힘차게 쳐 주었다. 나중에 부모님은 동생에게 이렇게 말했다.

"학교에서 네가 상을 받게 될 거라는 전화가 왔어. 비밀로 해 달라고 하더라."

동생은 그 후로 학교에서 드라마와 합창단 연습을 하면서 공부도 열심히 했다. 그래서 우수 학생이 되었고, 저학년 교실에 들어가서 보조교사로 자원봉사도 할 수 있었다. 무엇보다 채플 시간에 제일 열정적이었다. 통성 기도를 하고 두 손을 높이 들며 가스펠송을 부르니 선생님들과 학생들이 어리둥절해했다. 친구들이 물었다.

"그런 기도는 어떻게 하는 거야? 가르쳐 줘! 응?"

카렌 펜츠 선생님은 성훈이를 픽업하러 온 엄마에게 와서 자창 너머로 말했다.

"성훈이에게 무슨 일이 일어난 거야? 감동했어. 놀라워!"

동생과 나는 매일 밤 11시부터 12시까지 우리 동네 한 바퀴를 돌면서 '걸으며 기도하기'를 했다. 한번은 순찰대가 걸어가고 있는 우리 앞에 오더니 이렇게 말했다.

"늦은 밤에 뭐하지? 너희는 누구이며, 어디 사는 거야?"

우리는 경찰이 아빠와 엄마에게 가서 귀찮게 할까 봐, 영어로 말해 버렸다.

"우리 지금 기도 중인데, 곧 들어갈 거예요."

경찰은 우리가 마약이나 알코올을 하는 줄 알았다가 멀쩡하니까 아무 말도 하지 않고 갔다. 나중에 내가 떠난 후에도 동생은 혼자 그렇게 밤마다 '걸으며 기도하기'를 했다.

내가 고등학교 2학년이 되기 직전 또 한 번의 변화가 있었다. 그것은 2002년 여름에 엄마가 나를 데리고 다시 미국 애틀랜타로 간 것이다. 그곳에 사는 이모는 내가 거기서 11학년과 12학년을 다닌 뒤, 바로 좋은 대학교에 들어가기를 바랐다. 이종사촌 동생들과도 어릴 때부터 친하게 지내서 괜찮을 것 같았다. 나는 그 지역구의 공립 고등학교인 차타후치 고등학교로 전학했다. 나는 상담사와 의논해서 학과목을 신청했고, ICSB 학교에서 가져온 성적표에 따라 우수 반에 배정받았다. 그 학교는 새 학기가 좀 일찍, 8월 초에 시작되었다. 엄마는 나를 이모에게 부탁해 놓고 일주일 후에 헝가리로 갔다.

모든 게 낯설었지만 나는 열심히 공부했다. 학교에서 공부한 지 3주만에 시험을 보았는데, 나는 모두 A를 받았다. 하지만 수학이 점점 더 어려워졌고, 나는 선생님이나 친구들에게 이해되지 않는 것을 계속 물었다. 그러나 모두가 냉정했다. 돈을 내고 배우지 않는 한, 아무도 도와주려고 하지 않았다. 이러다가 이제껏 내가 받아온 성적을 다 까먹을 것같았다. 미국은 고등학교 9학년 때부터 12학년까지의 성적으로, 대학 합격 여부와 장학금을 책정하기 때문에 성적이 중요했다.

그리고 무엇보다 외로웠다. 전체 학생 수가 3천 명이나 되는 큰 학교에, 나와 함께 점심을 먹을 친구 하나 없었다. 이미 다 친구 관계가 형성돼 있어서 그 속에 뛰어들기가 쉽지 않았다. 나는 부모님께 전화했다.

"엄마! 여긴 공장 같아요.

ICSB는 가정같은데. 나 헝가리 집에 갈래요."

"그래! 아들아! 수고했다. 어서 와라!"

그래서 한 달 만에 다시 헝가리로 돌아왔고, ICSB 학교가 개학할 때라서 바로 11학년에 들어갈 수 있었다. 아빠와 엄마도 이렇게 말했다.

"그래, 너희가 성장할 동안은 가족이 함께 사는 게 더 중요할 것 같다."

정말 그랬다. 부모님과 함께 사는 시간은 짧았다. 나는 만 18살에, 동생은 만 17살에 대학생이 되어 부모님 곁을 떠났다. 한편 부모님이 내게 그런 기회를 만들어 준 후, 내가 결정한 것을 존중해 줘서 감사했다. 억지로 시키지 않고, 나를 믿어 준 것이 고마웠다.

헝가리 ICSB 고등학교 시절 나와 가장 친했던 친구는 조시아였다. 처음에는 같은 학년 친구인 알렌이었는데, 그에게 여자친구가 생기자 나와 자연스럽게 좀 멀어졌다. 조시아는 미국인이고 나보다 한 학년 위였지만 나랑 잘 통했다. 엄마끼리도 친해서, 서로 왕래가 잦은 편이었다. 우리 엄마는 조시아네 집에 가서 그의 엄마, 일레인에게 한국 요리를 가르쳐 주기도 했다. 또 일레인은 우리 집에서 공동체 생활을 하게 된 다섯 명의 한국 인턴 선교사들에게 영어를 가르쳐 주기도 했다. 급한 일이 있으면 서로 도와주었다.

나는 종종 조시아네 집에 가서 '슬립 오버'도 했는데, 그날도 그 집에서 놀다가 자고 가게 되었다. 아침에 조시아 아버지가 우리에게 말했다.

"밤에 누가 들어왔나 봐. 내 지갑이 마당에 떨어져 있었어. 돈도 없어졌고."

나는 내가 의심받을까 봐 얼굴이 후끈거렸다. 하필 내가 있는 날 도둑이 들어올 게 뭐람? 집에 와서도 마음이 편치 않아서 엄마에게 말했다.

"걱정 마! 너를 조금도 의심하지 않을 거야. 오히려 네게 더 미안해할 거야."

"그럼 왜 조시아 아빠가 내가 있는 데서 그 말을 했을까?"

"그건 너희들 조심하라고 그런 거지."

하여튼 외국인이 사는 집은 항상 표적이 되기 쉬웠다. 우리 집에도 도둑이 들었다. 내 생일 선물로 받은 샌버나드 강아지 두 마리도 가져갔고, 우리 집 담벼락에 달아놓은 농구대에 공을 넣다가 잠시 집안에 들어간 사이 내 지갑도 훔쳐 갔다. 하물며 우리 집 9인승 밴까지…. 밴은 아빠가 노숙자들을 위한 급식 봉사를 하기 위해 구입했던 차였다.

한번은 학교 친구들 여섯 명이 함께 웨스턴드 백화점에 갔다. 부다페스트에서 제일 큰 백화점이라 젊은이들이 벅적대는 곳이었다. 그곳에서 우리는 영화를 본 후, 맥도날드에서 햄버거를 먹었다. 밖은 이미 어두워져 있었다. 우리는 트램(시가전차)을 타기 위해 기다렸다. 그때 이십대 갱 세 명이 다가왔다.

"담배 있어?"

"없어요."

"어느 나라 사람이냐?"

그때는 반미감정이 많을 때라 학교에서도 조심하라고 했었다.

"캐나다인인데…." 미국 친구들이 임시응변으로 말했다.

"난 한국인!" 내가 말했다.

"돈 있어?"

내 친구들은 점점 두려움에 떨었고, 난 내가 뭔가 해야 한다는 책임감이 느껴졌다.

"우리는 크리스천이라서 담배 안 피워. 그리고 지금 돈도 없어."

"네가 보스야?"

"우린 보스 같은 거 없어. 그냥 다 같은 친구들이야."

나는 속으로 겁이 났지만 태권도를 떠올리며 앞에 서서 친구들을 가렸다.

"그래? 우리도 친구하자!"

"우린 지금 집에 가려고 트램을 기다리고 있어. 가야 해."

"그럼 잘 가!"

갱들이 떠났다. 우리 모두 트램을 타고서야 한숨을 돌렸다. 친구들은 내게 고마워했고, 나도 왠지 가슴이 뿌듯했다.

밸런타인데이에는 하이스쿨 뱅큇(banquet)이 있었다. 그날은 참석하는 학생도, 인솔 교사도 파트너를 구해서 와야 했다. 물론 결혼한 교사는 부부가 함께 참석하면 된다. 나는 초등학교 때 파트너 신청을 했다가 거절당한 기억이 있어서 여학생에게 다가가기가 너무 겁이 났다. 지니가 마음에 들었지만 선뜻 말하기가 어려웠다. 지니 부모님은 우리 부모님과 같은 선교회 소속이어서, 내가 처음 헝가리에 왔을 때부터 그러니까 만 5살 때부터 같이 놀면서 자랐다. 그런데도 쉽지 않았다. '지니에게 어떻게 말할까'를 고민하면서 도서실에 올라갔다. 그런데 그때 마침 지니가 그곳에서 나오고 있었다.

"팀!"

지니는 적극적이고 쾌활했다. 순간 나는 당황했지만 기회가 왔음을 알았다.

"지니! 저기… 할 말이 있어."

"뭔데?' 지니가 눈치를 챈 것 같았다.

"이번 파티에서 내 파트너가 돼 줄 수 있겠니?"

"응. 좋아!"

"고마워, 지니!"

휴! 그렇게 어렵사리 지니에게 파트너 허락을 받았다. 파티를 앞두고 지니 아빠가 나를 집으로 호출했다.

"팀! 너희들은 선교사 자녀로 어려서부터 알고 지냈지? 벌써 이렇게 성장하여 밸런타인 뱅큇에 파트너로 가게 돼서 축하한다."

일단 듣기 좋은 인사말을 한 뒤, 지니 아빠는 남자의 에티켓에 대해 내게 상세히 가르쳐 주면서 단단히 주의를 주었다. 딸을 가진 아빠로서 염려가 되는지, 아니면 미국 아빠들은 다 그렇게 하는지, 하여튼 지니 아빠가 좀 엄하게 느껴졌다.

2월 14일 밸런타인데이가 되었다. 나는 정장을 입고 구두를 신고 제일 비싼 장미꽃 한 송이를 사서 지니 집으로 갔다. 미국에서는 16살 이상이면 자신의 차를 몰고 다니지만, 여기서는 주로 부모님들이 차를 태워 준다. 여자 파트너 집까지 부모가 데려다 주면 그 후에는 택시를 불러 뱅큇 장소인 고급 레스토랑으로 가는 것이다.

지니는 멋진 자주색 벨벳 드레스를 입고 있었다. 신사답게 장미를 주자 무척이나 좋아했다. 지니 아빠는 내게 매너 있게 행동하라면서 한 번 더 당부했다. 우리는 이런 경험들을 통해 차츰 어른스러워져 갔다. 인솔 선생님 커플은 우리들의 부모님처럼, 형처럼, 또는 선배처럼 우리와 함께 밥도 먹고, 게임도 하며, 사진도 찍었다. 그분들은 권위적이거나 우리를 감시하는 것이 아니라, 그 시간을 함께 즐길 줄 아는 우리의 롤 모델이 되어 주었다.

크리스마스가 다가왔다. 나도 어느덧 12학년(고3)이 되었다. 엄마는 나를 재언이네 집으로 데려갔다. 재언이 아빠는 한국 기업의 헝가리 지사 법인장이었다. 엄마가 그분께 말했다.

"시간을 내 줘서 감사합니다! 팀이 경영학과를 가고 싶어 하는데 수학에 자신이 없대요. 경영학을 전공하셨다고 하던데 조언 좀 해 주세요."

"저도 수학을 잘 못했어요. 영어는 잘했지만. 팀! 넌 충분히 잘할 수 있을 거야."

그분의 독려로 나는 자신감을 얻어 전공을 결정할 수 있었다.

2003년 12월, 나는 SAT 점수로 대학에 조기 응시했고, 그 결과를 기다리고 있었다. 부모님은 내가 미국의 아이비 대학을 갔으면 했지만 나는 이렇게 말했다.

"난 하버드 대학교보다 바이올라 대학교가 더 좋아요."

"네가 애틀랜타에 있는 고등학교에 한 달간 다닐 때 절실히 느꼈던 것 같다. 아무리 크고 명문 대학이라 해도, 공부할 때 교수나 학생들이 서로 돌봐 줄 수 없다면 나 자신에게 아무 소용이 없다는 것을…. 아마 네가 가족적인 학교인 GGCA나 ICSB를 다녔기 때문에 그런 것 같기도 해."

그 당시 ICSB 교장 선생님도 바이올라 대학교 출신이어서, 11학년(고2)과 12학년(고3)을 위한 대학 설명회를 할 때 그쪽에서 직접 행정 상담사가 왔다. 바이올라 대학교에서는 좋은 학생들을 유치하려고 홍보했고 그 결과 여러 명이 그 학교에 응시했다.

크리스마스 이브였다. 전화가 왔다. 미국 바이올라 대학교였다.

"합격을 축하합니다!"

"감사합니다. 주님!"

크리스마스 선물을 받은 것이다. 바이올라 대학교가 기독교 학교니까 일부로 그날 전화를 준 것 같았다. 나는 축하를 받으며, 내가 벌써 대학생이 된 것에 적지 않게 놀랐다. 이전에 동생에게 대학생이 되면 부모님을 떠나 기숙사에서 살아야 한다고 해서 동생이 서럽게 울었던 기억이 엊그저께 같은데 말이다.

가족과 떠날 시간이 점점 가까워졌다. 2004년 5월 말 졸업여행을 다녀와서 6월 초에 졸업식을 했다. 8월 중순에 대학 기숙사에 들어가면 그때부터 대학생이 되는 것이었다. 부모님은 인턴 선교사로 온 다섯 누나들이 있어서인지, 나와 헤어지는 것에 대해 별로 슬퍼하는 것 같지 않았다.

내가 기숙사에 가기 전에 엄마는 토요일마다 나를 차가 적게 다니는 1번 국도로 데려갔다. "너도 알다시피 미국 친구들은 만 16살이 되면 운전면허증을 딴다. 너도 미국에 가면 될 수 있는 대로 빨리 운전면허증을 따도록 해라. 그게 네 ID이니까."

부다페스트의 1번 국도 주변에는 공장들이 드문드문 있는데 주말이면 다 문을 닫았다. 거기서 엄마는 나에게 운전연습을 시켜 주었다. 조수석에 앉은 엄마는 내가 운전할 때 불안했을 텐데 태연하게 앉아 있었다. 나를 늘 믿어 준 엄마, 날 위해 늘 기도해 준 아빠, 이제 그 곁을 떠나야 할 시간이 되었다.

5. 라미라다에서, 왕따와 연애

나는 다시 미국 캘리포니아로 가서 바이올라 대학교 경영학과에 입학했다. 그날은 2004년 8월 18일이었다. 바이올라 대학교의 상대 건물 벽에는 이렇게 쓰여 있었다.

"Business as Mission(선교를 위한 비즈니스)"

BAM, 즉 비지니스를 하더라도 자신이 선교사라는 사명을 가지고 하라는 뜻이었다.

대학교 등록금은, 고등학교 성적으로 받은 아카데미 장학금과, 또 영주권이 있어서 신청한 캘리포니아 주정부 장학금, 기독교 대학교에서 부모가 목사와 선교사라서 받는 장학금, 그리고 교회 매칭 장학금으로 해결되었다. 등록금 안에 기숙사 비용과 학교 식당에서 하루 두 끼 먹는 것도 포함되었다.

미국 학생들에게는 차와 노트북, 핸드폰이 필수다. 나는 처음에는 아무 것도 없었다. 기숙사가 캠퍼스 내에 있으니, 차는 교외에서 특별한 모임이 있거나 교회에 갈 때만 남에게 신세를 졌다. 컴퓨터는 필수여서 곧 구입했지만, 핸드폰은 가져 본 적이 없어서 불편한 줄도 모르고 지냈다. 그런데 교수님과 학생들이 수시로 연락할 일이 자꾸 생겼다. 그래서 나는 부모님께 이메일을 보냈다.

"엄마! 여긴 헝가리하고 달라요. 핸드폰이 있어야 해요."

강아지도 목에 걸고 다닌다는 핸드폰을 나는 그제야 갖게 되었다.

공부는 고등학교 때처럼 반드시 교과서적으로 해야 한다는 압박감에서 좀 벗어날 수 있었다. 대신 경제, 비즈니스, 금융, 주식과 관련된 책이나 잡지를 많이 읽어야 했다. 나는 부자가 되고 싶었다. 검소하고 절제하는 부모님의 생활을 나는 더 이상 이어 가고 싶지 않았다.

대학 생활은 교수, 강의, 과, 친구, 채플, 행사 등 모든 것이 다 좋았다. 그런데 미처 생각하지 못한 것이 하나 있었다. 그것은 내가 메이저리티 집단, 즉 백인에 속해 있지 않다는 것이었다. 나는 마이노리티 집단에 속해 있었다. 이제까지는 인종 차별에 대해 별로 느끼지 못했는데, 이곳은 확실히 백인 위주였다. 팀워크를 해도 백인들은 주로 자기들끼리 팀을 구성했다. 1-10장까지 과제가 주어지면, 그들은 열 명이 모여 한 챕터씩만 하면 됐지만, 나는 혼자 처음부터 끝까지 해야 했다. 분량과 시간도 문제였지만 열 명의 시선이 한 팀이 되는 그 다양성을 좇아가기는 힘들었다.

기독교 대학교인데도 이런 현실이라는 것이 믿어지지 않았다. 더 큰 문제는 내가 그런 것을 의식하게 됐다는 것이다. 고등학교 때까지는 사이언스 프로젝트 같은 어떤 팀 과제가 있으면 선생님이 팀을 골고루 짜 주었기 때문에 그 팀원들과 함께 과제를 완성해 나가면 됐지만, 대학교에서는 교수님이 팀 과제를 던져 주면 학생들이 스스로 팀을 구성해야 했다. 그런데 내가 팀을 짜려고 해도 백인들은 다른 팀으로 가고, 그들 역시 나를 백인들 팀에 넣어 주지 않았다. 인종주의자를 제일 경계한다는 사람들이 나를 왕따시키는 것 같았다. 외롭고 힘들었다.

나는 자연히 공부하는 교실 외에서는 한국 친구들과 어울렸다. 한국

식당에 가서 밥을 먹었고, 한인 교회에만 나갔다. 그렇게 다양한 문화에서 살아 왔고, 타문화 적응훈련을 누구보다 특별하게 받아온 나 역시도 한국인 정서가 편안했다.

하지만 내가 바이올라 대학교를 선택한 자랑과 긍지 그리고 감사한 것은 바로 이 명제였다. "인테그러티(정직)!" 각자가 선택한 전공을 끝낸 후 사회에 나가서 진실한 사람으로 사는 것!

다음은 내가 대학에서 공부한 과목들이다. 이것은 내 이력에 중요한 요소가 될 것이다.

Managerial Negotiations and Leadership (관리의 협상과 리더십)

Conflict Management (위기 관리)

Human Resources Management (인사 관리)

Website Development and Marketing (웹사이트 발전과 마케팅)

Productions and Operations Management (생산과 운영 관리)

Global Marketing (세계적인 마케팅)

Direct Marketing (직접 거래)

Business Writing and Communications
(사업 문서 작성과 커뮤니케이션)

Entrepreneurship and Small Business Management
(기업정신과 소기업 관리)

Contemporary Business Enterprise (동시대 비즈니스 기업)

Management Information Systems (관리 정보 시스템)

Business Law (비즈니스 법)

Business Finance (비즈니스 금융)

Business Ethics (비즈니스 윤리)

Strategic Management (전략적 경영)

Website Development for Marketing (마케팅을 위한 웹사이트 개발)

여름방학 때 나는 학교 내에서 아르바이트를 했다. 컨퍼런스 스태프가 된 것이다. 바이올라 대학교 안에 탈봇 신학대학원이 있어서 컨퍼런스가 많이 열렸다. 그때마다 사무실에서 전화 받기, 강당의 좌석 배치, 나눠 줄 교재 옮기기, 기숙사의 침대 시트 갈아 끼우기 등과 같은 일들을 했다. 그래도 스태프가 되면 방학 석 달 동안 기숙사에서 무료로 있을 수 있고, 또 월급도 꽤 많아서 큰 도움이 되었다.

다음 해 여름방학 때는 부모님을 돕기 위해 헝가리에 갔다. '유럽 배낭선교' 프로젝트가 있었는데, 나는 아빠를 도와 팀 리더로 뛰었다. 헝가리에서 출발해서 이태리, 프랑스, 독일, 오스트리아를 거쳐 헝가리로 돌아오는 선교 여정이었다. 예닐곱씩 한 팀으로 해서 일곱 팀으로 나누었다. 그리고 팀별로 리더를 세우고 각각 여행 코스를 짰다. 여행은 유레일패스를 준비해 와서 기차로 다니기로 했고, 아빠가 이끄는 본부팀만 밴을 빌려 각 장비를 싣고 다니기로 했다. 아빠와 엄마, 헝가리 학생 다섯 명이 본부팀이 되었다.

팀별로 각각 흩어져 여행이 시작되었다. 여기서 중요한 것은, 어느 날 같은 시간에 같은 장소에서 다 같이 만나는 것이었다. 헝가리 부다페스트에서 출발해서, 이태리 로마, 스페인 광장 - 프랑스 파리, 뽕삐드 광장 - 독일 베를린, 콘서트하우스 - 오스트리아 비엔나 스테반 성당으로 만남의 장소를 정했다. 그 후에는 다시 부다페스트로 돌아오기로 했다.

이삼 일 간격으로, 약속 장소에서 1시에 만나기로 했다. 그 지역에 있는 한인교회 청년들과 연합해서 거리공연을 하고, 교회에서 하룻밤을 묵은 뒤, 또 각 팀별로 흩어지곤 했다. 어떤 팀은 유럽에 아는 사람의 집에 연락해서 신세를 지기도 하고, 어떤 팀은 노숙을 하기도 했다. 우리 팀은 스위스에서 공짜로 자전거를 빌려 타기도 했는데, 어떤 팀은 도둑을 맞기도 했다. 특히 아빠가 인솔한 본부팀은 이태리 로마에서 밴을 주차장에 세워 놓았는데도 노트북과 핸드폰, 선글라스를 다 도둑맞았다.

그렇게 모든 여정이 끝나고 부다페스트로 돌아오니 각 팀마다 겪은 이야기들이 수없이 많았다. 평가회 시간에 우리는 웃고 울고 모두 감격에 벅찼다. 마치 우리는 유럽을 정복하고 돌아온 사람들처럼 의기양양했다.

그 다음 해 여름방학 때는 자마(Jama: Jesus Awakening Movement America) 컨퍼런스 스태프로 뛰었다. 필라델피아에서 개최된 LADC(LA와 Washington D.C.) 연합대회였는데, 어린아이부터 청년들까지 만 명이 넘게 모였다. 나는 그 대회 티셔츠 모델이 되어 대형 모니터에 등장하기도 했고, 덩치가 커서 안전요원으로도 일하기도 했다. 그때 부모님도 헝가리 청년 세 명과 인턴 선교사 다섯 명 그리고 동생을 데리고 와서 그 대회에 참여했다.

겨울방학은 기간이 짧아 아르바이트를 하거나 집으로 가기가 쉽지 않았다. 하지만 나는 집을 떠나 처음으로 가장 오래 혼자 지낸 터라 가족이 너무 그리워 헝가리 집으로 갔다.

그 사이 부모님에게도 큰 변화가 있었다. 내가 고등학교를 졸업하고 대학으로 가기 직전인 2004년 여름에, 한국에서 다섯 명의 인턴 선교사가 왔기 때문이다. 그 누나들은 모두 대학교 4학년 1학기까지를 마치고 휴학한 뒤, 1년간 헝가리에 온 것이다. 우리 집은 아빠의 별명처럼 자녀가 많은 흥부집이 되고 말았다. 아빠와 엄마는 그들을 훈련시키면서, 헝가리 대학교인 부다페스트 코르비누스 캠퍼스에 가서 선교를 함께했다.

그러던 중 그해 겨울 3일간 금식기도 수련회를 위해 부모님은 인턴 선교사들을 데리고 폴란드에 있는 아우슈비츠에 갔는데, 거기서 "하나님이 기뻐하시는 금식(이사야 58장)"이란 주제로 강의를 하다가 새로운 결단을 하게 되었다. 그것은 바로 "주린 자에게 네 양식을 나누어 주며, 유리하는 빈민을 집에 들이며, 헐벗은 자를 보면 입히며, 또 네 골육을 피하여 스스로 숨지 아니하는 것이 아니겠느냐"(사 58:7)라는 말씀이었다.

헝가리로 돌아온 아빠와 엄마는 부다페스트의 노숙자들을 위해서 급식 사역을 하면서 '거리의 교회'를 시작했다. 이듬해 부모님은 그 사역에 집중하고자, 23년 반을 몸담았던 대학생 선교단체를 사임하였다.

"엄마! 내 팬티 어디 갔어요?

대학 첫 겨울방학을 맞아 헝가리 집에 와 있던 나는 동생과 함께 차례로 샤워를 하고 나서 내의를 꺼내려고 옷장을 열었는데, 이게 웬일인가? 옷장이 텅 비어 있는 것이었다. 알고 보니 아빠와 엄마가 노숙자들에게 주려고 다 들고 거리로 나갔던 것이다. 그렇게 우리 집에 있는 옷을 들고 나가도 엄마는 노숙자들에게 입힐 옷이 부족하다며 그들이 입었던 냄새 나는 옷을 집에 가져와 세탁해 주기까지 했다.

똥오줌이 떡칠된 옷을 큰 고무대야에 넣은 뒤 엄마는 장화를 신고 들어가서 질근질근 밟으며 빨았다. 그렇게 한 후 그 빨래를 다시 세탁기에 넣고 돌렸다. 그래도 옷에 기숙하는 이가 죽지 않자 엄마는 비닐봉지에 빨래를 담아 냉동실에 집어넣었다. 그렇게 해서 말린 옷을 돌려주면 노숙자들은 얼굴을 옷에 파묻고는 세제향기를 맡으며 좋아했다.

부모님과 다섯 인턴 선교사 누나들은 급식 봉사를 하기 위해 구야쉬 스프를 끓이고, 야채밥을 만들어 역으로 나갔다. 샌드위치는 선물용으로 따로 만들어 갔다. 일주일에 오 일을 각 역을 돌면서 급식 봉사를 했다. 월요일은 동부역, 화요일은 썰칼만(Szll Klmn, 구 모스크바) 광장, 목요일은 서부역, 금요일과 일요일은 남부역 순으로 돌아다녔다.

그리고 엄마는 노숙자들에게 이발도 해 주고 콧수염과 턱수염도 깎아 주었다. 아빠와 엄마에게 이가 옮자 할머니는 한국에서 참빗을 보내 주었다. 나와 동생은 ICSB 출신 친구들과 함께 배식을 도우면서 부모님을 따라다니기도 했다. 하지만 나는 또 곧 학교로 돌아가야 했고, 동생도 학교 일로 부모님과 다섯 인턴 선교사 누나들을 많이 돕지는 못했다.

내가 ICSB에 다닐 때는 중국 학생이 몇 명 되지 않았는데, 내 동생이 11학년이 되었을 때는 전체 학생 수의 20퍼센트가 되었다. ICSB 학교가 체육관을 짓기로 했는데, 재정이 모자라서 중국 학생들을 더 많이 받은 것이다. 중국 학부형들은 개인 비즈니스를 많이 하니까 학비를 많이 내야 했다.

학교 디렉터와 교장 선생님은 영성이 좀 특별한 내 동생을 불렀다.

"네가 학생들의 멘토가 되어 줄 수 있겠니?"

"제가 어떻게? 저는 부족합니다."

"『멘토링(Mentoring)』이란 책을 빌려 줄 테니 읽고 한번 기도해 봐."

"예! 알겠습니다."

그 책을 다 읽었을 때, 중국인 친구 레이와, 중동인 아버지와 네덜란드 어머니를 둔 카스라, 이렇게 두 명이 내 동생에게 신앙적인 도움을 요청해 왔다. 동생은 그 책을 교장 선생님께 돌려 드리면서 순종하겠다고 했다. 그렇게 해서 동생은 레이와 카스라를 매주 두 번씩 점심시간에 만나, 멘토링을 해 주었다. 그 후 동생 생일이 되었는데, 비싼 핸드폰을 선물로 받아 왔다.

"누가 선물한 거야?"

"레이 엄마!"

"누군지 참 감사하구나. 우리 집에 한번 오시라고 해라."

엄마의 초청으로, 토요일에 레이와 레이 엄마가 우리 집에 놀러왔다.

"우리 아들을 변하게 만든 한국인 친구가 고맙더라고요. 아침마다 그렇게 일어나기 싫어하던 애가, 내가 깨우러 방에 들어가니까 성경책을 읽고 있지 뭐예요?"

레이 엄마는 겸손하면서도 화통했다. 영어로 소통이 되었고, 같은 아시아인이라 엄마랑 금방 친구가 되었다. 내 동생이 대학에 간 후, 레이는 한 해 더 공부해야 했다. 중국에서 왔기 때문에 미국 대학에 가기 위해서는 고등학교 성적이 더 필요했던 것이다.

"저, 성훈이가 쓰던 방을 쓰면 안 될까요?" 레이가 우리 엄마에게 물어왔다.

"좋지, 좋고말고!"

그렇게 레이는 일 년간 우리 집에서 학교를 다니면서 우리 엄마를 '맘'이라고 불렀다. 엄마는 '맘'이란 호칭을 들을 자격이 없다고 했다.

"미안해! 난 네 '스텝맘'이야."

레이는 주말이면 자기 집에 다녀왔고, 레이 엄마는 레이 도시락 때문에 매주 두 번씩 우리 집에 먹을 것을 날랐다. 덕분에 아빠와 엄마는 일 년 내내 중국음식을 먹을 수 있었다. 게다가 레이 아빠는 중국에 있었기 때문에, 우리 아빠가 레이의 후견인으로 격려해 주며 때로는 훈계해 주었다. 일 년 후, 레이도 바이올라 대학교에 입학했다.

내 동생은 2006년 8월, 내가 대학교 3학년에 올라갈 때 같은 바이올라 대학교 신학과에 입학했다. 동생이 만 열일곱 살이 되었을 때였다. 그 해 겨울방학이 동생은 부모를 떠나 처음 맞는 방학이었고, 나는 나의 진로, 즉 졸업 후의 직장과 결혼에 대한 고민이 많았던 터라, 부모님이 우리를 헝가리 집으로 들어오라고 했다. 나는 두 가지 구체적인 문제를 가지고 집에 들어갔다. 하나는 다혜와 결혼을 전제로 사귀는 것을 부모님께 정식으로 허락받는 것, 또 하나는 전공을 회계학으로 바꾸는 문제였다.

나와 동생이 부다페스트 집에 돌아오자, 부모님이 내게 말했다.

"네가 삼 일을 금식 기도한 후, 결정하거라. 아빠와 엄마는 너의 의견을 따르마."

나는 아빠가 인도하는 금식기도수련회에 참석했다. 독일에서 유학하고 있던 외사촌 동생 모세도 이곳에 와서 피아노 반주로 도왔다. 초등학교 2, 3학년 때 함께 뒹굴던 우리는 모두 청년이 되었다. 3박 4일간 헝가리인, 중국인, 한국인 청년들과 함께 금식을 하면서 성경을 통독하고 강의도 들으며 팀별 모임도 했다.

나는 내 미래를 위해 금식하며 간절하게 기도했다. 그런데 첫 날은 온통 먹는 생각뿐이어서 쉬는 시간에 종이를 꺼내, 가장 먹고 싶은 것부터 언젠가는 먹고 말리라 하는 음식 메뉴까지 쭉 적어 나갔다.

"삼겹살, 두부 김치찌개, 샤브샤브, 달팽이 빵, 피자, 라면, 갈비…."

가장 먹고 싶은 메뉴는 별 세 개, 그 다음 먹고 싶은 것은 별 두 개, 그 다음은 별 하나, 그런 식으로 표시를 하다 보니 점차 배고픔이 멈췄다. 수련회가 끝난 후, 다혜와 결혼을 전제로 사귀는 것과, 전공을 경영학에서 회계학으로 바꾸는 것에 대해 부모님의 승낙을 받았다. 그것은, 바로 나의 삶을 부모님이 후원해 준다는 뜻이기 때문에 중요한 것이었다. 물론 가장 큰 후원은 바로 기도였지만 말이다.

나와 동생은 그 겨울방학 이후로는 아직 헝가리 집에 가지 못했다.

그렇게 그해 겨울방학을 헝가리에서 삼 주 정도 보내고 다시 대학교로 돌아간 나는 경영학과에서 회계학과로 전과한 뒤 열심히 공부했다. 그런데 공부하면 할수록 내게 이 전공이 맞지 않는다는 사실을 절실히 깨달았다. 나는 부모님과 상의한 후 다시 본래 내 전공으로 돌아왔다. 다혜도 내 결정에 동의해 주었다. 그래서 한 학기를 더 해야 했지만 지금도 후회하지는 않는다.

대학교 졸업을 앞두고, "전략적 경영 프리젠테이션" 과제가 주어졌다. 그것은 세 명이 한 팀이 되어 우리가 사회에 나가 직장에서 하듯 과제에 대해 연구하고 준비하는 것이었다. 이는 '생산물을 어떻게 상품으로 다량 판매하는가?'에 관한 것이었다. 우리가 이제껏 배운 경영에 대한 모든 지식을 동원해서 그 상품에 대한 정보와 지식, 유익성과 홍보, 보급 등의 과정을 그려야 했다.

우리 팀은 주제를 "조네스 소다 파이널 프레젠테이션(Jones Soda Final Presentation)"으로 잡았다. 우리는 마치 처음으로 코카콜라를 생산해서 파는 기업의 엘리트처럼 하얀 와이셔츠에 푸른 넥타이를 매고 비디오 프로젝터가 비춰 주는 대형 모니터 앞에서 하나하나 설명해 나갔다. 프레젠테이션이 끝났을 때 우리 팀은 심사 교수님들에게 많은 칭찬을 받았다. 나는 앞으로 사회에 나가 어떤 일을 해야 할지 조금은 감이 잡히는 것 같았다.

엄마한테서 전화가 왔다.

"팀! 네 학교에서 보내 준 졸업식 초대장 받았어. '축하'라는 글과 네 이름이 아주 큼직하게 쓰여 있네. 정말 축하한다. 수고했어!"

2008년 12월 19일, 드디어 나는 대학교를 졸업했다. 부모님과 동생, 그리고 다혜가 축하해 주는 가운데…. 이전에 아빠도 바이올라 대학교의 탈봇 신학대학원에서 공부를 한 적이 있고, 나와 내 동생 그리고 다혜도 바이올라 대학교를 졸업했다. 그러고 보니 우리 가족은 바이올란스(Biolans)이다.

3장. 결혼은 다혜다

"팀! 나 다혜야. 기억나?"

내가 대학교 2학년이 되었을 때, 다혜가 바이올라 대학교 생물학과에 신입생으로 들어왔다. 다혜(多惠)의 영어 이름은 그레이스(Grace)다. '은혜가 많다'는 뜻이다. 우리 엄마와 다혜 엄마는 거의 그분들 나이만큼 죽마고우로 지내 왔다. 50년 우정이었다. 그래서 우리가 어릴 때 부모님들과 함께 몇 번 만났었다. 그런데 다혜는 나를 기억했지만 나는 다혜가 생각나지 않았다. 사진이 있었으면 기억했을 텐데…. 다혜는 내게 인사를 하고 싶어서 내 기숙사로 찾아 왔다. 자그마한 키에 추리닝을 입고 슬리퍼를 질질 끌며 부스스한 모습으로 나타난 다혜를 나는 알아보지 못했다.

"난 기억 안 나는데? 그리고 나 지금 바쁘거든? 나가 줄래?"

나는 그 당시 좀 거만했다. 한국 드라마를 보면서, 내 여자친구는 김태희 정도는 되어야 한다고 생각했다. 다혜는 거의 울상이 되어서 나갔다. 다혜는 속으로 이렇게 생각했다고 한다.

"팀이 어릴 때는 나랑 같이 놀았는데, 이제는 친구도 안 되겠구나."

나중에 다혜가 그랬다.

"팀! 우리 어릴 때 추수감사절에 같이 놀았잖아? 네가 우리 꼬맹이들을 다 모아 놓고 얼마나 무서운 얘기를 해 줬는데…. 난 막 울 뻔했어."

그러고 보니 생각이 났다. 식인종들이 북소리를 덩덩 울리며 사람을 확 잡아먹는 이야기 말이다. 하하! 한 이 년쯤 캠퍼스 안에서 가까이 보니 다혜만큼 신앙 좋고 성격 좋은 여학생이 없는 듯했다. 비교의식, 경쟁의식, 피해의식 같은 것이 하나도 없이 순수했다. 여자들이 외모를 볼 때도 다혜는 그런 것에 별로 관심이 없었다. 나는 키 185센티미터에, 고등학생 때부터 역도를 했기 때문에 가슴과 배에 초콜릿 팩도 있고 몸도 좋은 편이었다. 그러나 다혜는 외모보다 건강을 중요시했다. 나는 그러한 다혜 생각이 마음에 들었다.

추수감사절(11월 넷째 주 목요일)이 되자, 다혜 엄마는 나와 동생을 애리조나 집으로 초대해 주었다. 우리 부모님이 멀리 헝가리에 있으니까, 엄마의 친구로서 배려해 준 것 같다. 나와 다혜가 6-7시간을 교대로 운전하면서, 동생과 셋이서 갔다. 어느 때보다 많은 대화를 나누었다. 애리조나에 위치해 있는 다혜 집에 도착하니 다혜 가족이 모여 우리를 환영해 주었다.

"어서와! 너희들 어릴 때 기억나니? 우리가 너희 집에서 자기도 했잖아?"

"아, 예! 초대해 주셔서 감사합니다!"

나와 동생은 기억이 잘 안 났지만 인사를 드리며 얼버무렸다. 다혜 집에서 이틀 밤을 자고 먹고 함께 놀면서 많이 가까워졌다. 다혜의 두 동생들도 연년생이거나 학년을 건너뛰어서 셋 다 대학생이었다. 다혜의 남매들과 우리 형제, 이렇게 다섯이서 하이킹도 했다. 다혜는 가족과 함께 있어서 즐거웠는지, 아니면 나랑 어릴 때 같이 놀았던 추억 때문인지, 나를 스스럼없이 따르고 좋아했다. 나도 다혜가 사랑스러웠다.

다혜와 내가 서로 좋아하는 것을 좀 느끼셨는지 다혜 아버지가 말했다.

"팀! 전공이 경영학이라고? 한국인으로서, 미국 사회에서 소수 집단으로서 인정받고 살려면 의사, 변호사, 회계사 같은 전문인이 되는 게 좋아. 너도 회계사를 하면 어떠니?"

혹시 우리 둘이 결혼하겠다고 하면, 다혜 아버지는 사위가 그런 안정적인 직업을 갖기를 바라는 것 같았다. 다혜 아버지는 치과 의사이고, 다혜 어머니는 피아니스트이다. 교회 반주도 하고 음악학교에서 학생들도 가르치신다. 다혜 외삼촌은 회계사 겸 변호사다. 모두가 이민 와서 열심히 사신 분들이다.

"저는 제 전공에 만족하지만, 한번 생각해 보도록 하겠습니다."

이틀간의 추수감사절 휴가를 보내고 다시 학교에 돌아돌 때쯤 되니 나는 다혜 아버지가 하신 말씀이 생각났다. 그래서 나는 엄마에게 전화를 걸었다.

"엄마! 나 다혜랑 사귀어도 돼요?"

"그래! 여자친구를 사귀면 너도 더 성숙해질 거야."

"엄마! 내가 사귄다는 뜻은 결혼을 전제로 만난다는 뜻이에요."

"좋지! 다혜는 엄마 친구의 딸인데다, 다혜 외할아버지는 엄마 모교회 목사님이셨으니까 집안끼리 서로 잘 알고, 너무 좋지!"

"그런데 엄마! 다혜 아버지가 나에게 회계학을 공부하는 게 어떻겠냐고 하셨어요."

"그래? 엄마 생각에는 네가 회계사가 되면 한국 사람들을 더 많이 도와줄 수 있을 거 같긴 한데…."

엄마의 말처럼 내가 무엇을 하든 어떤 사람이 되든 남을 더 많이 도와줄 수 있다는 것은 설득력이 있었다. 학교로 돌아온 후 나와 다혜는 서로 사귀기로 했고 주변 친구들에게도 알렸다. 그리고 겨울방학을 맞아 다시 각자의 집으로 돌아가서 우리는, 서로의 부모님께 결혼을 전제로 한 교제에 대해 정식으로 알리고 허락을 받아 냈다. 나는 아직 어리지만 열심히 일해서 언젠가는 양가 부모님께 인정받는 사람이 되야겠다고 생각했다.

앞에서 말한 것처럼 한번 전공을 바꾸었다가 다시 원래 전공으로 돌아와 한 학기를 더 공부하는 바람에 겨울에 졸업하게 되었다. 내 졸업식 겸 교회 방문 일정으로 미국에 오셨던 부모님은 친구 소개로 안과에 갔다. 최 선생님은 친구의 부탁이라며 우리 부모님의 눈 상태를 좀 봐 주시겠다고 했다. 엄마는 미안한 마음에 자신은 괜찮다고 하셨다. 그래서 아빠만 동공화대 사진을 찍었는데 그 결과를 본 최 선생님이 깜짝 놀라셨다.

"빨리 뇌신경과를 가 보십시오."

아빠의 양쪽 눈 시야가 각각 50퍼센트씩밖에 안 보인다는 것이었다. 아빠는 많이 놀라고 실망하는 것 같았다. 하루 종일 말을 하지 않았다.

그 다음 날이 되어서야 아빠는 말을 꺼냈다.

"감사해! 이제껏 모르고 지냈던 것도 감사해!"

"차 몰 때에 큰 사고 없었던 것이 기적이에요, 기적!" 엄마가 말했다.

"엄마는 아빠에게 사과해야 돼요." 우리가 말했다.

아빠가 운전할 때 엄마는 옆에서 불안해하고 잔소리를 많이 했기 때문이다.

"나도 몰라서 그랬지! 만약 이 사실을 알았다면 아예 운전을 못 하게 했을 거야."

그 후로 정말 엄마는 아빠가 운전하지 못 하게 했다.

내 졸업식이 끝나자 곧 크리스마스가 다가왔다. 부모님은 크리스마스 전에 다시 헝가리로 돌아가야 했다. 그 전에 마침 다혜 부모님도 오시게 되어, 다혜와 내 결혼에 대해 서로 의논하기로 하고 양가가 레스토랑에서 만나기로 했다. 우리의 결혼은 허락받았지만 시기에 대해서는 다혜 아버지가 조심스럽게 말씀하셨다.

"팀! 넌 졸업했지만 다혜는 아직 더 공부해야 하잖아? 결혼하기 전까지는 내가 다혜 공부를 책임지지만, 결혼하면 네가 책임져야 해."

다혜는 대학에서 생물학을 전공한 후 의대에 가고 싶어 했고 지금까지는 다혜 아버지가 등록금을 다 대 주고 있었다. 하지만 결혼을 하면 내가 등록금을 내 줘야 한다는 뜻이었다. 우리 모두 동의했다. 생활력이 있어야 결혼할 수 있다는 말이었다.

부모님들이 다 가시고 난 뒤, 나와 다혜는 산타 모니카 해변으로 갔다. 내 동생도 데리고 갔다. 우리는 모래밭을 걷다가 자리를 잡고 앉았다.

그런데 내 손목시계가 보이지 않았다.

"다혜야! 내 시계가 없어졌어. 모래밭에 떨어졌나봐.

이 근처 같은데…, 나는 이쪽을 찾아볼 테니까 다혜 넌 그쪽 좀 찾아

봐 줄래?"

"응? 정말?"

다혜는 걱정스럽게 내 시계를 찾느라 두리번거리며 모래를 휘저었

다. 그런데 시계 대신 붉은 색 보석함이 튀어나왔다.

다혜는 깜짝 놀랐다.

"오빠! 이게 뭐야?"

"엉? 뭔데? 한번 열어 봐!"

"괜찮을까? 우리 게 아닌데. 해양경찰한테 갖다 줘야지?"

"빈 통일 수도 있으니 한번 열어나 봐."

"악!"

다혜가 외마디를 질렀다. 나와 동생은 하하하 웃었다. 나는 다혜 앞

에서 무릎을 꿇었다.

"다혜! 사랑해! 약혼반지를 받아 줘."

"오 마이 갓! 좋아! 그럴게!"

다혜는 정말 좋아했다. 우리는 결혼을 약속하는 키스를 했다. 동생

은 웃음을 참으면서 우리 약혼식 이벤트 사진을 찍기에 바빴다.

다혜와 함께한 기쁘고 즐거웠던 시간이 어느새 다 지나가고 우리는

다혜가 겨울방학을 맞아 집에 다녀오는 동안 헤어져 있어야 했다. 나는

여기서 계속 직장을 구해야 했다. 방학을 맞아 집으로 가는 나의 피앙세

다혜를 LA 공항까지 데려다 주면서 나는 마음이 착잡해졌다.

다혜는 애리조나주에 있는 집에 가자마자 부모님과 동생들에게 나에게 약혼반지를 받았다며 자랑했다. 미국에서는 약혼반지가 나중에는 결혼반지가 된다. 그래서 나는 우리 부모님이 오셨을 때 약혼반지를 미리 준비해 두었다. 모양은 일찍이 다혜가 어떤 반지를 갖고 싶어 하는지 인터넷에서 찾아놓았기 때문에 제일 비슷한 것으로 골랐고, 가격도 부모님이 잘 아는 분의 가게라서 싸게 살 수 있었다.

약혼반지를 보고 다혜 부모님이 좋아하실 줄 알았는데, 다혜 아버님은 오히려 그 반대인 것 같았다. 때가 되면, 즉 내가 좋은 직장을 잡으면, 한국식으로 좀 근사하게 손님들을 모시고 약혼식을 하고 싶었는데, 우리끼리 아이들 장난처럼 해서 그러신 것 같았다. 요즘 젊은이들은 약혼식을 깜짝 이벤트로 많이 하는데, 한국의 보수적인 어른들은 이해가 잘 안 되는 일이었다.

다혜 아버님이 헝가리에 있는 우리 아빠에게 전화를 하셨다. 어떻게 된 일이냐고 물으신 것 같다. 아빠는 애들을 이해하는 방면으로 축하해 주자고 했다. 그 대신 결혼식은 하고 싶은 대로 계획하시라고 했다. 그때 나는 기분이 좀 상했다. 우리 부모님은 다혜를 환영하는데, 나는 어쩐지 다혜 부모님께 별로 환영받지 못하고 있다는 느낌이 들었기 때문이다. 그것은 아마도 내가 아직 떳떳한 직장을 갖지 못한 자격지심에서 그랬던 거 같다.

나는 졸업만 하면 연 수입 칠만 불 정도는 거뜬히 벌 수 있는 직장에

취직될 줄 알았다. 그런데 미국의 경제가 좋지 않았다. 나는 인터넷으로 여러 군데 이력서를 넣었지만 어디에서도 연락이 없었다. 내가 제일 후회되는 것은 이제까지의 사회 경험이 별로 없다는 것이었다. 대학 때부터 회사 인턴 등으로 일했어야 했는데, 너무 몰랐던 것이다. 졸업 후에야 인턴을 거쳐 좋은 자리를 얻는다는 사실을 알았다.

시간은 흐르는데 취직할 곳이 생기지 않자 마음이 조급해졌다. 남자는 항상 책임감 있게 누군가를 먹여 살려야 하는 존재인데, 일이 없어 빈둥대다 보니 나 자신이 무가치하게 느껴져서 너무 괴로웠다. 한 달이 지나고, 석 달, 반년이 지나도 내가 이력서를 넣은 회사에서 면접을 보자는 연락이 오지 않았다. 백수로 지내는 걸 보고 내 동생은 '대만인 교회' 전도사를 하면서 받는 월급으로 나를 도와주었다.

아빠와 엄마가 아는 사람은 없나? 아예 경찰이 될까? 우울증까지 왔다. 남자는 하나님이 일을 해서 가족을 돌보도록 만드셨는데 이렇게 직장을 구하지 못해 무기력하게 있으니 미칠 것 같았다. 뭔가 애완용 동물이라도 키워야 살 것 같았다. 인터넷에서 찾아 보니 두꺼비를 키우는 것이 비용이 제일 적게 들었다. 개를 키우는 데는 총 2만 불, 두꺼비를 키우는 데는 총 60불이 들었다! 나는 10불을 주고 새끼 두꺼비를 샀다. 두꺼비라도 돌봐야 살 것 같았다. 아침, 저녁으로 두꺼비 몸이 건조해지지 않도록 스프레이로 물을 뿌려 주고, 먹이 귀뚜라미를 넣어 주었다.

바이올라 대학교에는 동문 네트워크가 잘 되어 있는 줄 알았는데 그렇지 않았다는 데 놀랐다. 교수들에게도 메일을 보내 직장을 알아봐 달라고 했지만 도움을 주는 분이 없었다. 2007년부터 경제가 어려워진 미국은 계속 하향세로 가고 있었다. 이곳저곳 이력서를 계속 넣었지만 연락이 없었다. 기다림의 고통이 커져만 갔다. 헝가리 부모님께 전화를 해서 하소연했다.

"엄마! 나 어릴 때처럼 엄마 치맛자락이라도 붙잡고 울고 싶어요."

"기차가 선로 위에만 있으면 언젠가 어두운 터널을 뚫고 나갈 거야."

아빠가 말했다. 내 이름을 부르며 무릎 꿇고 기도하는 아빠의 모습이 눈에 선했다. 한번은 친구가 현대 자동차에 가 보라고 했다. 차를 파는 일을 할 수 있을 거 같다고 했다. 내 전공을 살릴 수 있는 전문직이 아니더라도 좋았다. 월급은 없다고 했다. 차를 파는 댓수에 따라 몇 퍼센트 준다고 했다. 또 한 달에 이십 대 이상 팔면 백 불 더 준다고 했다. 나는 그곳에서 차에 대해 배우면서 차 딜러 자격증을 땄다. 고객에게는 차 한 대도 팔지 못했지만, 친구들이 차를 구입하려고 할 때에는 가장 좋은 조건으로 도와줄 수 있었다.

미국의 경제가 전체적으로 어려우니 고객이 드물었고, 그것마저도 프로급 딜러들이 다 가져가니 나 같은 애송이는 더 이상 그곳에서 버티기가 힘들었다. 그곳에서 나와 버린 나는 거의 미칠 지경이었다. 할 수 없이 하나님께 매달릴 수밖에 없었다. 성경책을 읽으면서 부르짖으며 기도했다.

백수로 지낸 지 팔 개월 만에, 얼바인에 있는 삼성에서 드디어 면접을 보자는 연락이 왔다. 그런데 면접 결과 나 정도의 한국어 실력으로는 어렵다고 했다. 한국어에 대한 자신감도 점점 잃어 갔다. 나의 자존감이 와르르 무너졌다. 나는 다혜 외삼촌에게도 이메일을 보내서 나의 멘토가 되어 달라고 했다. 그분은 '회계사&변호사 그룹'을 만들어 수십 명의 직원을 두고 일했다. 다행히 사무장에게서 면접을 보러 오라는 전화가 왔다.

면접을 보고 나니, 마침 다른 한군데에서도 면접을 보러 오라는 연락이 왔다. 그 미국 회사가 바로 지금 내가 근무하고 있는 곳이다. 그곳은 1959년에 세워진 유통업 회사로 본사를 비롯해 다섯 곳에 지사를 두고 있었다. 토드라는 매니저가 나의 면접관이었다. 나중에 알고 보니 그는 사장 바로 밑의 최고 경영자였다. 그런데 토드의 사무실에는 어린 딸의 사진이 걸려 있었는데 태권도복을 입고 있었다. 나는 반가워서 이렇게 말했다.

"저도 어릴 때 태권도를 했었습니다."

태권도 얘기를 하다가 서로 친근감을 느꼈다. 면접을 볼 때 개인적인 이야기는 잘 하지 않는데, 신기하게도 내가 헝가리 유치원에서 태권도 시범을 보이다 독방에 갇힌 얘기며, 미국에 온 지 얼마 안 돼 초등학교 종업식날 흑인에게 몰매를 맞아 태권도를 다시 시작한 얘기까지 하게 되었다. 토드는 합격 여부를 이메일과 전화로 알려 준다고 했다.

드디어 연락이 왔다. 야호! 내가 면접에서 통과된 것이었다! 월요일부터 출근하라고 했다. 내가 그 회사에 들어가자마자, 삼성에서도 다혜 외삼촌 사무실에서도 합격 연락이 연달아 왔다. 하지만 나는 "아니요, 괜찮아요!"를 외쳤다. 이 회사가 내 전공을 가장 잘 살릴 수 있을 것 같았기 때문이다. 마침내 그 어두운 터널을 벗어난 것 같았다. 캘리포니아 눈부신 태양 아래 두 팔을 쭉 폈다. 신선한 공기를 흠뻑 들이켰다.

'아! 이제 다혜랑 결혼도 할 수 있겠구나.'

우리 회사는 1959년에 세워졌다. 60년이 다 되어 가는 중소기업이다. 라팔마에 있는 본사 사무실 직원은 60명 정도인데, 샌디에이고를 비롯해 다섯 군데에 지사가 있다. 문과 게이트, 시큐리티(보안장치)와 관련된 모든 물품을 다양하게 판매하는 회사였다. 취급하는 품목이 2만5천 개나 됐다. 미국에서 이렇게 오래전부터 안전장치를 일반적으로 사용해 왔다는 데에 적잖이 놀랐다. 사장은 창업자의 아들로 글렌이라는 사람인데, 나이가 많아서 회사에는 특별한 일이 아니면 잘 나오지 않았다.

미국경제가 좋지 않아 회사에서는 내 봉급을 고객 서비스 파트에서 시간당 22불을 받는 것으로 책정했다. 하루 8시간 × 일주일 5일 × 한 달 4주 × 시간 당 $ 22 × 일 년 12달 = 연봉 $ 42,240이었다.

자존심이 좀 상했다. 하지만 이렇게 어려운 때 내 전공에 벗어나지 않는 직장을 구했다는 것에 감사했다. 고객 서비스 파트에서 나의 바로 상사는 데이비드, 그 위는 빌, 회사 전체 책임자는 토드였다.

나는 출근하자마자 대학교에서 배운 것을 회사에 적용해 보고 싶어 회사에 대한 건의사항을 정리해서 제출했다. 먼저 회사 웹사이트부터 업그레이드하자는 안건을 내놓았다. 다행히 내 건의사항은 받아들여졌다. 직원들의 개인 성장을 위해 사내 도서실 운영도 제안했다. 물론 인터넷으로 지식의 바다를 검색할 수 있지만, 책이 주는 영향력을 무시할 수 없기 때문이다. 나는 월간 잡지, 《돈(Money)》, 《스마트 머니(Smart Money)》, 《잉크(INC; Incorporated)》등의 책자를 통해 계속 실제적으로 경제 공부를 했다.

본래는 고객 서비스 파트에서 단순한 일을 맡을 사람을 한 명 뽑으려고 했는데 내가 곧 다른 일을 하게 되면서 다시 한 명을 더 뽑아야 했다. 나는 매니저 트레이닝을 받게 되었다. 사무실에 내 책상이 생겼고, 내

명함도 생겼다. 나는 기분이 좋았다. 최선을 다해 회사를 위해 헌신하고 싶었다. 라스베이거스에서 I.D.A. 대회(International Door Association Convention)가 있을 때도 토드는 나를 데리고 출장을 갔다. 그 대회는 보안용 문에 관한 모든 회사들이 부스에 아이디어와 상품을 전시해서 평가받고 주문받는 행사였다. 미국뿐 아니라 유럽과 아시아, 특히 중국에서 많이 참여했다. 나는 화려한 밤의 도시 라스베이거스의 으리으리한 호텔에서 묵었다. 이런 세계적인 전시회에 참석하니 글로벌한 느낌이 들었다. 혹시 한국 회사가 참여했는지 두리번거렸다.

글렌 사장과 토드는 CEO 컨퍼런스에도 나를 데려갔다.

"팀! 넌 아무 말도 하지 말고, 관찰만 해! 알았지?"

그리고 나를 애리조나주에 있는 '채임벌린 아카데미 연수원'으로 보내서 "쳄벌린 아카데미 연수원"(Chamberlain Academy Certification of Completion) 과정을 수료하게 했다. 이는 직원들이 회사 기여의 완성도를 높이는 자질을 훈련, 검증, 승인받는 과정이었다. 회사가 나를 믿고 키워줄수록, 나는 더욱 회사에 헌신적으로 일하게 되었다.

그리고 나에게도 드디어 미국 시민권이 나왔다. 회사의 글렌 사장님을 비롯하여 토드, 빌, 데이비드, 모든 직원들이 나를 축하해 주었다. 폭죽을 터뜨리고 케이크를 잘랐다. 마치 내 생일인 것처럼 축하해 주었다. 나는 한국계 미국인이 된 것이다. 만 다섯 살 때 한국을 떠나 19년 만에 국적이 바뀐 것이다. 이제껏 해외에서 이방인으로 살아가기 위해 생명 다음으로 중요했던 아이디(ID)!

우리 가족이 처음 헝가리에 들어갈 때인 1991년에는 이태원에 있는 헝가리 대사관에서 비자를 받았다. 그 후 양국 간 석 달 무비자 협정을 맺었다. 우리 가족이 헝가리에 와서는 비자를 거주증으로 변경하고 매년 연장해야 했다.

그때는 헝가리가 공산주의에서 벗어난 지 얼마 되지 않아 그 잔재가 남아 있었는지 이민국에서는 외국인을 마치 죄수 다루듯 했다. 꼭두새벽부터 줄을 서서 기다리던 외국인들이 이민국 문을 열면 서로 먼저 들어가 줄을 서려고 했다. 그러다 보니 질서가 무너지고 아수라장이 되었다. 이들은 주로 이전 헝가리 땅이었던 가난한 동유럽 국가, 루마니아, 우크라이나 등에서 직장을 구하러 온 노동자들이었다. 서류가 접수되어 다음 단계에 갈 때까지는 구치소처럼 철창문이 있는 곳에 가둬놓다시피 했다.

어느 해에는 외국인을 대상으로 에이즈 검사를 해야 한다며 나체로 신체검사를 하기도 했다. 매해 거주증을 연장하기 위해, 학교에 양해를 구하고 결석을 하면서, 이민국을 부모님과 함께 드나들며 끝없이 기다려야 했다. 또 미국에서는 영주권을 신청하기 위해 새벽부터 LA 이민국 건물을 둘러싼 긴 줄에 서서 기다리기도 했다.

그 밖에도 이사를 가는 바람에 샌버나디노 이민국에 가족 서류를 옮기기 위해 이곳저곳 뛰어다녔던 일. 지문이 잘 안 나와 몇 번을 다시 찍으러 갔던 일, 한국과 헝가리 등 이동할 때마다 여행 허락서와 체재 증명서을 받아야 했던 일. 변호사 사무실 근처에서 나와 동생이 부모님과 길이 어긋나는 바람에 서로 찾아 헤맸던 일 등이 있었다. 하지만 이제는 땅에 안착한 것 같았다.

드디어 결혼 날짜가 잡혔다. 2010년 6월 5일 토요일! 다혜가 대학교를 졸업하고 일주일이 지난 후였다.

5월 28일이 다혜의 졸업식이었다. 우리 부모님도 헝가리에서 오셨다. 그날은 내 동생도 바이올라 대학교 신학과를 졸업하는 날이었기 때문이다. 내 동생은 '마그나 쿰 라우드'(Magna Cum Laude, 4점 만점에 3.8점 이상, 전체 7% 안에 드는 우등생)로 졸업했다. 이것은 4년간 정말 열심히 공부한 결과로 내 동생의 눈부신 무화과열매에 해당한다.

다혜는 내 동생보다 한 학년이 높았지만, 생물학 공부가 쉽지 않은데다가 실험이 많아서 건강이 나빠지는 바람에 예정보다 1년 후에 졸업하게 되었다. 그날은 또 나의 만 스물네 살 생일이기도 했다.

졸업식이 끝나고 일주일 후에 하는 결혼이라서 다혜 친구들도 마치 자기 일처럼 들떠 있었다. 결혼식은 애리조나주의 한 미국 교회를 빌려 하기로 했다. 주례는 다혜 부모님이 다니시는 피닉스 장로교회의 윤 목사님께서 하시기로 했다. 모든 준비와 비용은 다혜 부모님께서 헌신적으로 해 주셨다.

우리 측 손님은 부모님과 애틀란타에 사는 이모부와 이모 그리고 들러리 서 주는 친구들이었다. 신랑과 신부 들러리는 친한 친구 네 명씩 서기로 했다. 신랑 들러리 친구로는 헝가리 ICSB 학교 출신인 준일, 은찬, 요한, 내 동생 성훈이었다. 그중에서 신랑 들러리 대표는 내 동생 성훈이가 하기로 했다.

나는 결혼을 위해 2주간 휴가를 냈다. 결혼식 전날 나는 비행기로 먼저 애리조나로 갔다. 부모님과 동생은 차를 타고 오기로 했다. 들러리 설 친구들과 '남가주 사랑의 교회' 셀 그룹 친구들도 밴으로 오기로 했다. 다혜 친척들은 거의 다 미국에 살고 있어서 참석을 많이 했다. 결혼식 하루 전인 금요일 오후, 리허설을 마친 후 다혜 아버님께서 결혼 리허설에 온 모든 사람들을 뷔페로 초대하여 식사 대접을 해 주셨다. 정말 잔칫집에 온 기분이었다.

우리 부모님도 애틀랜타에서 온 이모부와 이모를 오랜만에 만나 즐거운 시간을 보냈다. 이모부인 조 목사님은 결혼예식 가운데 기도 순서를 맡아 주셨고, 축도는 여든이 넘은 다혜 외할아버지 박 목사님께서 해 주시기로 했다.

드디어 다혜와 나의 결혼식날이 되었다. 2010년 6월 5일, 만 스물네 살의 신랑과 만 스물세 살의 신부였다. 우리는 예식이 시작하기 전에 사진을 찍었다. 다혜는 정말 아름다운 신부였다. 사진 촬영은 친구에게 부탁했기에 진지하게 찍기도 하고 장난스럽게 찍기도 했다. 애리조나의 그 더운 사막의 푹푹 찌는 날씨 가운데서 말이다.

교회는 마치 영화 속에서 보는 것처럼 예쁘게 꾸며져 있었다. 하객분들은 이미 자리에 다 앉아 있었다. 하객 의자에는 순결을 뜻하는 하얀 생화가 흰 리본과 함께 쭉 꽂혀 있었다. 시간이 되자 두 명의 안내원이 하얀 양탄자를 들고 와서 강대상 아래에서부터 밖으로까지 길게 쫙 펴 나갔다. 예배당 바닥의 붉은색 카펫과 잘 어울렸다.

먼저 신랑과 신부 양가의 어머니 두 분이 나란히 입장했다. 그리고 강대상 위의 양쪽 촛대에 점화를 했다. 그리고 주례 목사님과, 신랑, 신랑 들러리 네 명이, 순서대로 입장했다. 목사님은 단상 가운데 서고, 신랑과 신랑 들러리들은 우편에 서서 회중석을 향해 돌아섰다.

그 다음에는 귀여운 화동이 입장했다. 반지를 든 남자아이와 꽃바구니를 든 여자아이가 장미꽃잎을 양탄자 위에 뿌리면서 들어왔다. 이어서 핑크색 드레스를 입은 신부 들러리 네 명이 입장하여 왼쪽으로 섰다. 이제 드디어 신부가 입장할 차례가 됐다. 하객들은 다 고개를 뒤로 빼고 신부를 기다렸다.

마침내 신부가 결혼 행진곡에 맞춰 친정아버지의 손을 잡고 입장하기 시작했다. 축하객들이 모두 기립하여 박수를 쳤다. 나는 단 아래로 내려가서 장인어른께 정중히 인사드린 후 신부를 데리고 단상으로 올라갔다. 양쪽의 아름다운 화환을 지나, 주례 목사님이 서 계신 강대상 앞에 나란히 섰다. 웅장한 혼례 찬송가를 다 같이 불렀다. 베토벤이 1824년에 작곡한 "오늘 모여 찬송함은"이었다.

"오늘 모여 찬송함은 형제 자매 즐거움
거룩하신 주 뜻대로 혼인 예식 합니다.
신랑 신부 이 두 사람 한 몸 되게 하시고
온 집안이 하나 되고 한 뜻 되게 하소서."

주례 목사님이 성경을 읽고 주례사를 마친 후, 혼인 서약을 할 시간이 왔다.

"신랑 김성화 군! 당신은 허다혜 양과 혼인서약을 맺어 아내로 맞으니 하나님의 명령을 따라 남편 된 책임을 다히여 신부를 늘 사랑하고 도와주며, 귀중히 여기고 보호하며, 오직 이 신부로만 아내로 삼아 평생토록 오늘의 이 약속을 지키기로 확실히 서약합니까?"

나는 큰 소리로 "예!" 하고 대답했다. 그 다음 다혜도 "예" 하고 혼인 서약을 했다. 신랑과 신부가 서로 손가락에 결혼반지를 끼워 주었다. 내가 신부에게 끼워 준 결혼반지는 바로 약혼 이벤트 때 주었던 그 반지였다. 미국에서는 약혼반지가 결혼반지가 된다. 드디어 목사님의 성혼 선언이 있었다.

"이제 둘이 아니요 한 몸이니 그러므로 하나님이 짝지어 주신 것을 사람이 나누지 못할지니라."(마 19:6)

특별순서로는 다혜 외할머니인 박선부 시인의 축시 낭송이 있었다. 미국으로 이민 온 지 삼십 년이 되어 팔순을 맞고 손녀의 결혼식까지 보게 되니 감회가 크다는 내용이었다. 내 장모님은 그 시를 들으며 감동의 눈물을 흘리셨다. 그리고 나의 이모부인 조기원 목사님의 감사기도와 다혜 외할아버지인 박승환 목사님의 축도로 결혼식이 끝났다.

다혜와 나는 마침내 한 부부로 첫 발을 내딛었다. 피아노에 맞춰 팔짱을 끼고 걸어 나갈 때, 모두가 일어서서 박수를 치며 축복해 주었다.

"팀 & 그레이스, 축하해!"

"다혜, 이제부턴 미시즈 김이야."

결혼식 피로연이 열렸다. 모두가 자리를 옮겨 연회장으로 갔다. 권사님과 집사님들이 한국 음식을 준비해 주고 계셨다. 온갖 한국 잔치음식은 축하객들의 시각, 미각, 후각을 즐겁게 해 주었다. 오랜만에 고향에 온 것처럼 다들 행복해했다.

다혜 외할아버지와 외할머니는 우리 이모를 보고 정말 반가워하셨다. 30년 만에 만났기 때문이다. 더구나 다혜 외삼촌과 나의 이모는 같은 날 태어났다. 그러니까 다혜 외할머니와 우리 외할머니는 같이 배가 불렀고, 또 같은 날 앞집 뒷집에서 해산했다.

다혜 외삼촌도 나의 이모를 보고 신기해했다. 어릴 때 소꿉친구가 이 제는 사십 대 후반이 됐으니 말이다. 그렇지 않아도 이모가 어릴 때 찍은 흑백사진을 가져왔다. 두 가족은 사진을 보면서 추억에 젖기도 하고 세월이 얼마나 빠르게 흘러가는지도 느꼈다. 또 이렇게 사돈이 된 것에 그저 신기해했다. 그때 우리 안에서 마스터 키는 '예정론'이었다. 무슨 일이든 거기에 끼워 맞추면 해답이 나왔다.

"다 예정되어 있었던 거야!"

연회장 앞의 긴 테이블에는 하얀 테이블보 위에 희고 붉은 백합화가 싱그럽게 장식되어 있었다. 벽에는 은빛 깜빡이 줄전등을 길게 여러 갈래로 달아놓아 마치 폭포수가 흐르는 것처럼 보였다. 오른쪽 둥근 테이블에는 삼단 웨딩케이크가, 손님들이 앉는 테이블에는 선물이 놓여 있었다. 선물은 손바닥만한 유리컵 받침대 한 세트씩인데 깜찍하게 포장되어 있었다. 냅킨에도 우리 부부의 이름, "팀 & 그레이스"가 새겨 있었다. 장모님이 얼마나 정성을 많이 기울였는지 느껴졌다.

손님들은 음식을 드시면서 나와 다혜의 성장과정을 담은 비디오 영상을 보았다. 그리고 내 동생이 나와서 형에 대한 추억을 나누었다.

"형은 나를 키워 주었고…, 나의 영웅입니다."

나는 쑥스러웠다. 우리가 어느새 이렇게 나이를 먹었나 싶어 의아스럽기도 했다. 그리고 신부를 불러내어 의자에 앉혀 놓고 눈을 가렸다. 뺨에 뽀뽀를 할 테니 누군지 알아맞혀 보라고 했다. 드디어 한 남자가 다혜 앞에 가서 허리를 굽혀 뺨에 뽀뽀를 했다. 다혜가 움찟하며 손을 조심스럽게 올려 남자의 얼굴을 더듬더듬 만졌다.

"엉? 이건 팀 손, 아닌데?"

모두가 웃었다. 다혜 눈을 가린 수건을 벗겨 냈다. 다혜 아버님이었다. 모두 박장대소했다. 신부는 친정아버지와 춤을 추기 시작했다. 그리고 신랑에게 신부를 데려다 주었다. 신랑과 신부가 춤을 추자 친구들도 자신들의 짝과 함께 나와서 춤을 추었다. 그렇게 축제 분위기는 무르익어 갔다.

웨딩케이크을 자르는 시간이었다. 신랑과 신부가 서로 케이크를 한 조각씩 입에 넣어 주었다. 앞으로는 자신만 생각하지 않고 서로를 섬기겠다는 뜻이리라. 친구들이 장난스럽게 케이크를 신랑 얼굴에 통째로 발라 버렸다. 이제 막 장가든 친구를 놀려먹고 싶었던 것이다. 그렇게 나와 다혜의 결혼식은 흥겹게 저물어 갔다. 결혼식이 모두 끝난 후 우리 부부는 첫날밤을 보내기 위해 장인어른이 예약해 놓은 호텔로 장모님의 차를 빌려 타고 갔다.

한편, 내 동생은 대만인 교회 청소년 전도사였기에 다음날 주일 설교를 해야 했다. 그래서 부모님을 모시고 차로 밤새 7시간을 달려 캘리포니아로 돌아갔다. 그날 밤, 부모님과 동생에게는 또 다른 웃지 못 할 일이 있었다고 한다. 집으로 가는 차 안에서 피곤했던 부모님은 잠이 들고 동생이 운전을 했다고 한다. 도중에 주유소에 들러 기름을 넣으려고 했는데, 한 허름한 청년이 석유통을 들고 와서 기름을 좀 채워 달라고 했던 것이다. 그 기척에 엄마는 잠이 깼고, 총기 소유가 가능한 미국이라 그 순간 걱정이 됐다고 한다. 그런데 동생은 아무렇지도 않게 기름을 채워 주었다고 했다.

그러고도 몇 시간을 달려와 동생은 자기 자취집에서 내렸다. 좀 떨어져 있는 나의 자취집까지는 엄마가 운전을 해서 갔다. 긴 하루를 보낸 부모님은 집에 도착하자마자 잠들었는데, 엄마는 잠결에 창문 두드리는 소리를 들었다고 한다. 동생이 온 것이다. 차로는 멀지 않지만 걸으면 한 시간 가까이 걸리는 거리인데, 동생은 땀을 흘리며 그 새벽길을 뛰어 왔던 것이다. 미국은 차가 발이다.

"엄마! 내 차에 차 키를 두고 잠갔어요. 주일예배 못 갈까봐, 형 집에 맡긴 보조키를 가지러 온 거예요."

아빠가 깰까 봐 엄마와 동생은 살금살금 내 서랍에서 동생의 차 열 쇠를 찾아냈다. 그 밤중에 엄마와 동생은 그렇게 두 자취집을 왔다 갔다 했다. 우리는 생명과 건강, 안전을 위해 순간순간 기도할 수밖에 없었다.

우리 부부는 호텔에서 첫날밤을 자고, 주일 아침 예배를 드린 후, 교회와 다혜 부모님 앞에 큰 절을 하고 떠났다. 애리조나에서 캘리포니아로 비행기를 타고 오면서, 나는 다혜의 손을 꼭 잡고 우리의 현실이 기다리고 있는 라미라다 집으로 돌아왔다.

신혼집은 내 자취방으로 하기로 했다. 직장도 가깝고, 돈도 아낄 수 있었기 때문이다. 다혜와 내가 결혼했다고 실감한 것은 여러 가지가 있었지만 그중에 신혼여행이 가장 컸다. 월요일이 되자 우리 부부는 신혼여행으로 가족들과 함께 한국으로 갔다. 그것은 장손인 나를 키워 주신 할아버지와 할머니를 비롯한 여러 친지 분들이 미국에서 치른 결혼식에 못 오셨기 때문이다. 그래서 그분들을 모시고 잔치를 베풂으로써 주변 분들께 우리의 결혼을 알리고 인사를 드리기로 한 것이다.

마침 예복은 크리스천 웨딩 에이전시에서 저렴하게 빌렸다. 장소와
음식은 모두 이문동 장로교회에서 하기로 했다. 아빠의 동생들, 즉 작은
아버지들이 프로그램과 큐시트를 짜 주었다. 미술을 전공한 작은아버지
는 '가나안 혼인잔치'라는 콘셉트로 그림을 그려 현수막을 달아 주었다.

2010년 6월 12일 토요일, 비가 조금씩 내리는 가운데, 어느새 팔순
이 된 외할머니가 외가 쪽 친지 분들과 함께 부산에서 서울로 올라오셨
다. 내가 부산으로 내려갈 시간이 없었기 때문이다.

막내 작은아버지는 밴드를 리더하며 연주와 노래를 해 주었다. 내 동
생은 팝핑을 보여 주었고, 사촌동생은 군에서 휴가를 받아 사진을 찍어
주었다. 드라마틱한 혼인잔치였다. 모두가 들떠 있었다.

김영만 목사님의 권면의 말씀이 끝난 뒤, 막내 작은아버지가 마이크
를 잡았다.

"사실 저는 신랑의 막내 삼촌입니다. 오늘 조카를 보니 너무 기쁘고
감개무량합니다. 저도 이 자리에서 결혼했고, 우리 사형제 모두가 이 자
리에서 결혼했습니다. 그래서 더욱 감동이 됩니다."

사람들이 다 놀랐다. 맞다! 아빠는 사형제 중의 장남인데, 형제들이
모두 이곳에서 결혼식을 했던 것이다. 25년 6개월 전, 아빠는 신랑으로
바로 내가 선 그 자리에 서 있었고, 엄마는 다혜가 선 그 자리에 서 있었
다! 아! 인생의 주기, 그 원형이여! 아담과 하와로부터….

헝가리에 일 년간 인턴 선교사로 왔던 다섯 누나들도 다 왔다.

"야! 누나들은 아직 결혼 안 했는데 네가 먼저 가면 어떡하니?"

미국에서 온 영어교사도, 또 미군으로 온 친구들도 우리의 결혼을 축
하해 주러 왔다. 친구들이 손뼉을 치며 소리를 질렀다.

"키스해! 키스해!"

우리 부부는 신혼여행으로 을지로에 있는 한 호텔에 머물렀다. 아침마다 할아버지께서 차로 우리를 데리러 오셨다. 조부모님과 부모님 그리고 우리 부부, 이렇게 삼대가 함께 경복궁, 인사동 거리, 남대문 시장, 한강 두물머리로 구경을 갔다. 한국음식도 실컷 먹었다. 찌그러진 양푼에 부글부글 끓는 김치찌개 맛은 최고였다. 이번에도 운전은 할아버지께서 다 하셨다. 옛날 우리 가족을 태우고 미국 횡단을 했을 때처럼….

그때 축구 월드컵 대회가 남아프리카 공화국에서 열렸다. 사람들이 모두 시청에 모여 "Be the Red!"가 쓰인 옷을 입고 응원했다. 우리 부부도 밤중에 시청에 나가 그 분위기에 흠뻑 젖었다. 우리가 신혼여행을 왔는지 축구 응원을 하러 왔는지 잊어버릴 정도로 신났다. 나는 청소년 수련회에 참석한 지 9년 만에, 다혜는 2002년 가족끼리 한국을 방문한 지 8년 만에, 한국에 온 것이었다. 다혜는 그때도 한일 월드컵 대회가 있었다며 신기해했다. 더구나 그때는 한국에서 개최되어 얼마나 열광적이었는지 과히 그 분위기를 잊을 수 없다며 그때의 흥분을 재현했다.

"필승 코리아!"

시간은 분초도 머물지 않고 흘러 또 한국을 떠날 시간이 왔다. 우리 부부와 동생은 먼저 미국으로 들어갔고, 부모님은 조금 더 계시다가 헝가리로 들어가셨다. 이제 나는 한 아내의 남편이고, 가장이다. 가족을 위해 헌신할 미션(mission)을 부여받은 미셔너리(missionary)인 것이다. 결혼이란 정말 다혜로 된 것 같다. 많은 은혜, 다혜(多惠, Amazing Grace)!

4장. 천국은 침노하는 자의 것이다

결혼 후 나는 직장에 복귀했다. 그런데 전과 같지 않았다. 결혼 전까지는 항상 직장에서 추진력을 가지고 열정 있게 일해 왔다. 그래서 결혼을 하고서도 변함없는 모습을 보여 주고 싶어 가끔은 억지로라도 열심히 일했는데, 그러다 보니 피로가 자꾸 누적되어 갔다.

그러다 얼마 못가 그만 탈진하고 말았다. 일단 회사에 사표를 냈다. 모두 깜짝 놀랐지만 나는 용기를 냈다. 만약 지금 내가 나 자신만의 사업을 해 보지 않으면 평생 후회할 것만 같았다. 회사에서 월급이 오르고 자녀가 생기면 모험을 하고 싶은 마음이 생기겠는가? 아내도 내 마음을 이해해 주었다. 헝가리에 계신 부모님께도 이 사실을 알렸다.

"그래, 잘했다! 네가 하고 싶은 것을 해라."

부모님이 나를 믿어 주니까 마음이 좀 놓였다. 아내는 늘 내 편이고 나를 응원해 주니까 더 말할 나위가 없었다. 회사를 그만 두다니, 겁도 났다. 어떻게 들어간 회사인데…. 8개월간 몸부림치다가 가까스로 들어간 직장이 아니던가? 그런데 1년도 못 채우고, 11개월 만에 그만 두다니! 더구나 나를 키워 주려고 많은 도움을 준 회사인데…. 하지만 내 사업을 한다고 생각하니 후회가 되지는 않았다. 오히려 마음이 흥분되고 설레였다.

우선 양가 부모님께서 주신 결혼 축의금과 이제껏 내가 좀 모은 돈으로 당분간 우리 부부의 생활과 자격증을 따기 위한 공부를 하기로 했다. 내가 하고 싶은 일은 퍼스널 트레이닝(Personal Training)이었다. 나는 '스포츠 의학 국립 아카데미'(NASM; National Academy of Sports Medicine)에 등록했다. 퍼스널 트레이닝도 좋지만 건강 보충영양제에 대해서도 관심이 많았다. 경영학 전공과는 색다른 분야였지만 흥미로웠다. 석 달 공부하고 시험을 쳐서 바로 자격증을 땄다. 내 비즈니스 이름을 '티케이 뉴트리피트니스'(TK Nutrifitness)로 만들었다. 티케이는 내 이름 팀 김(Tim Kim)에서, 뉴트리피트니스는 뉴트리션(nutrition)과 피트니스(fitness)에서 따와 조어했다. 명함도 만들었다. 퍼스널 트레이닝도 했지만 건전한 스포츠 영양제를 연구해서 관련 회사에 생산 주문도 했다. 나는 결혼 전에는 단백질 보충을 위해 계란 흰자위 가루를 사 먹었는데, 이제는 집에서 직접 계란을 삶아서 먹기로 했다. 계란 백이십 개를 삶은 뒤, 노른자와 흰자위로 나누었다. 계란을 까던 아내가 지쳐서 말했다. "나, 오빠 알통 안 나와도 좋으니까 계란 그만 까면 안 돼?"

퍼스널 트레이닝도, 영양제도 생존에 있어 필수가 아닌지라 경제가 하강곡선을 그리고 있는 미국 사회에서는 잘 되지 않았다. 처음에는 경력도 쌓으면서 그쪽 관련 경영을 배워볼까 해서 기존 피트니스 센터에 트레이너로 가는 것도 알아보았지만 월급이 너무 적은데다가 배울 것이 없었다. 바로 내 사업을 시작하려면 우선 트레이니를 모집해야 하는데 장소가 문제였다. 운동 기구는 이미 내가 가지고 있는 것에 기본적인 것 몇 개만 더 구입하면 되었다.

나는 주인집 차고를 개조해서 쓰고 싶었다. 그 집은 내가 대학교 3학년 때부터 자취를 해 왔던 곳이다. 내가 결혼하기 전까지는 내 동생과 같이 살았고, 결혼 후에는 다혜와 계속 살고 있다. 그래서 여 주인인 프렌시스와는 가족처럼 지내는 사이다. 차고에는 세탁기와 드라이어 외에는 온통 몇십 년 묵은 잡동사니로 꽉 차 있었다. 차고를 사용하는 대신 프렌시스에게 무료로 트레이닝을 해 주겠다고 제의했다. 그분은 오십 대 중반의 싱글로, 비만이었다. 처음에는 나의 제안을 환영하더니 곧 거절했다. 다이어트와, 또 수십 년 된 물건을 정리할 자신이 없다는 것이었다.

나는 할 수 없이 주인집의 테라스와 잔디에서 트레이닝을 하는 것으로 허락받고 트레이니를 모집했다. 대학 다닐 때는 한 시간 당 50불을 받고 교수님을 트레이닝한 적이 있었다. 하지만 지금은 나의 주 고객이 학생들이라서 30분에 25불부터 시작했다. 사람들이 악기를 배울 때는 돈을 주고 배워도, 건강과 체력 단련을 위한 트레이닝을 받을 때는 돈 내는 것을 아깝게 생각하는 경우가 많다. 이것도 엄연히 전문직인 직업인데 말이다.

나는 소수 정예 '8주 섹션 트레이닝 코스'를 열었다. 일주일에 세 번씩 합 24번에, 총 12시간을 훈련하는 코스다. 네 명이 신청을 했다. 그리고 한 명은 무료로 하기로 했다. 트레이닝 효과를 광고하는 의미에서였다. 이렇게 나름대로 열심히 해 나갔다. 하지만 수입이 적었다. 내 몸이 곧 사업이니까, 시간적으로나 체력적으로 한계가 많았다.

수입에 비해 방세 등 생활비 지출이 많으니 모아둔 생활자금이 점점 바닥났다. 아내는 생물학과를 졸업하고 메디컬스쿨에 진학해서 의사가 되고 싶어 했는데, 결혼을 했으니 남편인 내가 뒷받침을 해 줘야 했다. 그런데 내가 안정된 직장을 그만두고 사업을 시작했으니, 아내는 공부는커녕 당장 나와 함께 돈을 벌어야 할 형편이 되었다. 나는 아내에게 미안했지만, 미래에 대해 현실적으로 의논하지 않을 수 없었다. 가정을 우선순위로 두고 보면, 메디컬 스쿨에 가서 의사가 되기까지는 시간과 돈이 너무 많이 든다. 또 아기를 낳고 키우기도 쉽지 않다. 그러니까 의사보다 간호사가 되는 것이 낫고, 아기를 낳고 어느 정도 키운 후에 메디컬 스쿨에 가는 것도 좋겠다고 결정했다.

아내는 내 의견을 존중해 주었고, 이에 수긍했다. 우선 가장 빨리 직장을 구할 수 있는 간호조무사 학교에 들어가 공부한 후 시험을 봐서 자격증을 받기로 했다. 아내는 요양원의 간호조무사로, 그것도 일부러 나이트를 뛰었다. 낮에는 교회 찬양팀에서 리더로 연습과 봉사를 계속하기 위해서였다. 간호사 과정 중에서 가장 낮은 간호조무사를 4년제 대학교를 졸업한 사람이 누가 하겠는가? 주로 멕시칸이나 필리피노들이 그 일을 한다. 자존심 많은 한국인은 최소한 간호학사나 간호석사를 하는데….

다혜는 친할머니가 살아 계실 때도 엄마를 도와 친할머니를 돌봐 드린 경험이 있었다. 무엇보다 늘 남을 배려해 주는 착한 사람이었다.

"여보! 오늘은 당신보다 더 큰 환자를 침상에서 일으켜 기저귀를 갈아 끼워 주는데, 갑자기 오줌을 싸서 내 얼굴에 튀기는 거야. 일을 하다

보면 그럴 때도 있다니까!'

"당신, 정말 대단해! 낮에 뛰는 게 어때? 삶의 패턴이 바뀌잖아?"

내가 그렇게 염려하면 아내는 씩씩하게 대답했다.

"괜찮아! 보이지 않는 손이 날 도와주셔."

아내는 환자의 보호자가 고맙다고 준 선물, 케이크를 받아와 내 입에 넣어 주면서 스스로도 뿌듯해했다. 치과의사의 딸로 부유하게 자란 아내가 생활 전선에 뛰어들어 힘들 텐데도 조금도 나를 원망하지는 않았다. 나는 아내의 건강이 나빠질까 봐 아내가 근무를 마치고 아침 7시쯤 돌아오면 함께 피트니스에 가서 몸을 풀었다. 그 후 집에 와서 아내가 시리얼을 먹고 잠이 들면, 나는 밥을 했다. 그래도 나는 집에서 트레이닝을 하기 때문에 수시로 음식을 만들 수 있었다.

몇 달이 지나자 아내는 옆구리가 아프다고 호소했다. 좀 걱정이 됐다. 나는 헝가리에 계신 부모님께 전화를 했다.

"기도해 주세요. 다혜가 옆구리가 아프대요."

"그래, 기도하고말고. 참! 우리가 잘 아는 산부인과 유 박사님께 한번 가 봐. 우리를 후원해 주시던 분이야. 널 잘 아셔. 전화해 놓을게."

미국은 보험료가 너무 비싸 내 개인 사업으로는 아직 의료보험에 가입할 수 없었다. 다혜 직장에서도 의료보험은 선택이었는데 너무 비싸서 들지 않았다. 나는 아내를 데리고 유 박사님 병원에 갔다. 그분은 나를 보고 깜짝 놀라셨다.

"팀! 네가 벌써 결혼했어? 네가 꼬마 때 내가 봤지. 나 기억나?"

솔직히 난 기억이 나지 않았다. 우리 가족이 LA 선교센터에서 살 때, 유 박사님은 결혼 세미나, 부부 세미나, 자녀양육 세미나 강사로 자주 오셨던 분이었다.

"왜 결혼한다고 말 안 했어?"

"아, 예! 애리조나주에서 해서…."

"그랬구나! 축하한다. 다혜는 걱정 마! 내가 잘 봐줄게. 괜찮을 거야."

유 박사님께서 진료를 해 보시더니, 큰 문제는 없다고 했다. 옆구리가 아픈 것은 다혜의 직업병이었다. 간호조무사로 환자의 무거운 몸을 일으키는 과정에서 허리를 많이 쓰고 그쪽에 힘이 쏠리니까 담이 생겼던 것이다. 유 박사님께서 말씀하셨다.

"무슨 일이 있으면 언제든지 와. 그리고 다혜가 너무 힘든 일을 하는구나. 앞으로 공부도 할 거지? 그러면 우리 병원에서 아르바이트해."

우리 부부는 감사 인사를 드리고 나왔다. 걱정이 사라지고, 박사님께 고마웠다.

누구를 안다는 것은 이렇기에 중요한 것이다. 개인 사업을 하면서 내게 네트워크가 없다는 것이 참 외로웠다. 아무도 도와주지 않는 것과, 도와주는 사람이 있다는 것은, 정말 천지 차이였다.

나는 인터넷을 통해 적은 비용으로 홈페이지를 만들어 주는 사람을 찾았다. 그러나 그것 하나 만드는 데도 계속 돈이 들었다. 무슨 기능 하나 추가해 달라고 할 때마다 돈을 요구했고, 활용적이지도 못했다. 그래서 생각해 낸 것이 유튜브에 나의 트레이닝 영상물을 올리는 것이었다.

앞에서 말했지만 내 동생이 '팝핑 성훈'(Popping Seong Hoon)으로 동영상 시리즈 #1~#6을 유튜브에 올렸는데 60만 명 이상이 봤다. 동생은 또 태권도를 꾸준히 해서 검은 띠 2단을 땄고, 태권도를 가르치는 일로 아르바이트를 했기 때문에 몸이 단련되어 있었다. 나는 동생에게 내 트레이닝 동영상을 만드는 데 트레이너가 되어 달라고 부탁했다. 그렇게 해서 나는 사용자이름을 '단백질 통'(tub of protein)의 의미를 지닌 '터보브프로틴'(tubofprotein)으로 만들었다. 근육을 알통이라고 부르는 데에 착상해서 지은 이름이다. 거기에 동영상 시리즈를 여섯 번째까지 유튜브에 올렸다.

#1. Flatter and Tighter Abs- The Stomach Vacuum
   돋보이고 단단한 복근- 위의 공백

#2. Amp up your Metabolism- The Jumping Burpee
   신진대사를 증폭시켜라- 몸 점핑

#3. The Last Diet You'll Ever Need
   당신에게 필요한 최종적인 다이어트

#4. Seven Smart Eating Habits
   지혜롭게 먹는 일곱 가지 습관

#5. Secret Techniques to Sculpting your Arms
   당신의 팔을 조각하는 기법의 비밀

#6 Secrets to an Impressive Chest
   인상적인 가슴의 비밀들

이렇게 나 나름대로 열심히 사업을 했지만, 트레이닝을 받으려는 사람은 몇 안 되었고, 내가 주문한 영양제도 잘 팔리지 않았다. 더구나 혼자서 사무적인 일인 사업체 신고, 세금 보고 등을 하려니 스트레스가 많이 쌓였다. 그렇다고 전문인에게 맡기자니 돈이 너무 많이 들었다. 어느덧 새 학기가 다가오고 있었다.

결혼한 지 일 년이 지나 내 아내 다혜도 캘리포니아 시민권을 받았다. 다혜는 미국에서 태어났지만 애리조나주 시민권자였다. 시민권자라도 자기가 시민권을 받은 주와 다른 주에서 대학교를 다니면 학비가 엄청 비쌌다. 이제 아내가 캘리포니아 시민권을 받았으니 지난번에 의논한 대로 간호학 공부를 하기로 했다. 나는 고민이 많이 됐다. 어떻게 생활을 유지하면서 다혜를 공부시킬 수 있을지…. 나는 부모님께 전화해서 상의를 드렸다.

"아빠! 어떡하면 좋아요?"

"이제 네가 하고 싶은 것 해 봤으니까, 다시 회사에 들어가도록 해라. 알겠지?"

내가 개인 비즈니스를 하면서 느낀 것은 역시 인맥과 자본, 때가 중요하다는 점이었다. 하늘이 도와줘야지, 아무리 혼자서 이리저리 뛰어다녀 봤자 맨 땅에 헤딩하는 기분이었다. 나는 발등에 불이 떨어진 기분으로 성경책을 펼쳤다. 성경을 읽다가 외할아버지가 자주 하시던 말씀이 딱 눈에 들어왔다.

"천국은 침노를 당하나니 침노하는 자는 빼앗느니라."(마 11:12)

그 순간 '이전 회사의 글렌 사장님께 직접 이메일을 드려라.' 하는 마음의 소리가 들렸다. 다른 회사를 다시 찾는 것도 쉽지 않은 일이었지만, 나를 믿고 키워 주려고 했던 회사에 가고 싶었다. 나는 회사 총책임자인 토드에게 메일을 보내야 했지만 그는 뜸을 많이 들이는 성격이라, 바로 글렌 사장님께 이메일을 썼다. 나는 기도하면서 초조히 기다렸다. 그런데 토드에게서 전화가 왔다. 글렌 사장님이 나의 메일을 받고 기뻐했고, 회사로 오라고 했다는 것이다.

"팀! 정말 좋은 생각이야. 환영한다. 이번에는 어떤 일을 하고 싶니?"

나는 글렌 사장님과 토드 총책임자께 말했다.

"감사합니다! 저를 다시 받아 주셔서….

우선 부모님께 말씀드려야 하니까 며칠만 시간을 주십시오."

"팀! 그러면 부모님의 의견에 따라 네가 못 올 수도 있다는 거니?"

"아닙니다. 부모님도 좋아하실 거예요. 저를 위해 날마다 기도해 주시니까요."

"그럼 월요일부터 회사에 나와. 그때 어떤 일을 할지 결정하자!"

부모님께 전화를 드렸더니 무척 기뻐하셨다. 할아버지와 할머니에게도 말씀드렸더니 정말 좋아하셨다.

"정말 잘했다! 그동안 네 장인, 장모한테도 미안했었는데….

곱게 키운 다혜를 그렇게 고생시켰으니…."

월요일이 되어 출근했다. 나는 처음 입사한 후 11개월 만에 직장을 그만 두고, 1년 만에 다시 돌아왔다.

다들 나를 반겨 주었다.

"팀! 환영해!"

토드가 불렀다. 글렌 사장님과 나에 대해 의논을 했다고 했다.

"팀! 너는 이 일이 맞을 것 같아. 구매 부서로 가. 연봉은 5만 불로 한다. 괜찮지?"

전보다 좀 더 좋은 조건이었다. 무엇보다 월급이 시간제가 아닌 정규직이었다. 하지만 걱정이 많이 되었다. 나에 대한 기대가 클 텐데, 나를 믿어 준 만큼 잘 할 수 있을까, 또 지치면 어떡하지? 하지만 나는 구매 부서에서 일을 배워 나가며 최선을 다하기로 했다. 처음에는 회사에서 하루 12시간씩 일을 했다. 그리고 집에 가면 또 8주간으로 진행해 오던 퍼스널 트레이닝을 했다. 하루에 합 15시간씩 일했다.

내가 직장에 다시 들어가니까, 트레이닝 값을 올려도 오히려 더 많은 사람들이 신청해 왔다. 내가 시간이 많을 때는 사람들이 나를 백수로 생각하고 트레이닝 신청을 안 하더니 이제는 내 가치를 좀 더 높게 생각하는 것 같았다. 나는 일곱 명 중에 세 명은 시간이 너무 부족해서 거절할 수밖에 없었다. 그 후 네 명도 약속한 트레이닝을 끝낸 후, 이제 내 개인 사업이었던 퍼스널 트레이닝을 접었다.

다혜도 유 박사님 병원에서 금요일과 토요일만 아르바이트를 하기로 했다. 주중에는 간호대학원에 가기 위한 이수과목을 보충하기 위해 수업을 들어야 했기 때문이다. 바이올라 대학교에서 전공한 생물학에서 학점을 많이 받았지만, 서로 전공이 달라 바로 올라갈 수는 없었다.

이렇게 우리 부부는 각자 바쁘게 지냈다. 하지만 한 가지는 함께하기로 했다. 주일 예배 후 노숙자 급식사역 자원봉사를 하는 것이다. 헝가리에서 부모님이 노숙자 급식사역을 하고 있지만, 이제는 내 스스로가 새삼 그 가치를 깨닫게 되었다. 내가 취직과 직장 일로 힘들어 본 적이 있기 때문에 진짜 무엇이 중요한지를 깨달았다. 그것은 돈, 지위, 명예가 아니었다. 사람이었다! 그리고 나는 결심했다. 매달 내 월급의 십 분의 일은 하나님께 드리기로.

지금 나는 회사에서 '공급망 관리' 일을 하고 있다. 그 사이에 나는 우리 파트에서 매니저가 됐고, 연봉도 올라 6만 불로, 또 한 번 더 올라 7만 불이 되었다. 내가 하는 일은 문과 게이트 시큐리티에 관련된 이만오천 개의 상품을 일일이 체크하고 주문하는 일이다. 잘 팔리지 않는 물건을 주문하면 그것은 회사에 손해를 끼치게 되고, 그런 직원은 회사가 믿을 수 없는 무능한 사람이 된다. 그러니까 이 일은 끝이 없고 매번 잘 결정 해야 하는 책임이 중한 일이다. 나는 하루에 1백만 불어치 물건을 주문 하기도 하고, 물건 하나에 40만 불인 것도 주문해서, 각 지사에 보내기 도 한다.

"팀! 기쁜 소식이야. 이번 달은 우리 회사 역사상 가장 많은 이익을 냈어. 특별 보너스가 지급될 거야."

나도 기뻤다. 나로 인해 회사가 잘 된다면….

'주여! 저를 이 회사의 요셉처럼 사용해 주소서!'

노예로 팔려간 꿈쟁이 요셉이 애굽의 국무총리가 됐던 것처럼 말이 다. 미국이라는 나라가 예전 같지 않은 요즘에, 회사를 박차고 나간 애 송이를 다시 환영해 준 회사의 글렌 사장님과 토드 총책임자께 깊이 감 사드린다. 그래서 더 열심히 일하지만 전과 다른 점이 있다면, 내가 좀 더 성숙해졌다는 것이다. 이전에는 회사에서 내가 지나가면 동료들이 나의 별명을 이렇게 불렀다.

"마니 마니 마니(Money, money, money)!"

내가 얼마나 "돈, 돈, 돈" 하고 다녔으면 나를 그렇게 불렀을까? 지금 생각하면 웃음이 나온다.

전에는 미국에서 대학 졸업을 한 사람이 다시 부모님 집에 들어가서 사는 경우가 30퍼센트 정도였다고 한다. 그런데 요즘은 그 두 배에 달한다. 부모님의 세대와 우리 세대의 차이는 뭘까? 그것은 희생인 것 같다.

옛날에는 미국이 희망의 땅이었지만 계속 그럴까? 오히려 지금 부상하는 나라들은, 중국, 인도, 싱가포르, 인도네시아와 같은 아시아 국가들이 많다.

미국도 그렇지만, 어느 나라에서나, 젊은이들이 자기 은사를 따라 보람을 느끼며 일할 수 있는 직업을 갖기란 쉽지 않다. 각자 구하고, 찾고, 두드릴 수밖에…. 거절당하더라도 환영받을 때까지, 칠전팔기로!

"천국은 침노를 당하노니, 침노하는 자는 빼앗느니라."

5장. 미션 파서블

내 인생의 한 쿼터! 이제까지 살아온 25년이 너무 빨리 지나간 것 같다. 그런데 내가 이제껏 지내온 만큼 한 번 더 살면 쉰 살, 지금 내 아빠 연령대가 될 것이다. 시간은 진짜 쏘아 놓은 화살처럼 신속히 지나간다. 아빠는 58년 개띠로 베이비부머 세대이다. 지난해에 톡톡히 갱년기를 치르셨다.

"소아과와 산부인과만 빼고, 다 검진을 받았어."

암 조직검사까지 받았지만, 다행히 아빠는 이비인후과에서 심한 코골이 수술만 받고 두 달 만에 건강이 회복되었다. 엄마도 십이지궤양으로 두 달 간 약을 먹고 나았다. 이제 두 분 다 건강을 유의할 때가 된 것이다.

한번은 토드가 나에게 천 불짜리 수표를 써 줬다.

"팀! 네 부모님께 갖다 드려. 내 인생에서 처음이야."

토드는 신앙을 가진 사람도 아니고 기부를 한 적도 없다고 했다. 그런데 우리 부모님께 전해 드리라니? 내가 놀라서 물었다.

"뵌 적도 없으면서?"

"너한테 들었잖아, 임마! 그리고 너에게서 네 부모님이 보여."

삼십 대 중반인 토드는 젊고 똑똑하며, 매니저로서 월급도 많이 받았다. 하지만 결손가정이다. 이혼을 한 뒤 초등학생인 딸만 데리고 살고 있다. 그를 위해 기도한다. 언젠가 그 결손이 채워지기를….

우리는 누구나 어둡고 구부러진 통로를 지날 때가 있다.

"기차가 선로에만 서 있으면, 언젠가 터널을 뚫고 나간다."

아빠가 덧붙였다.

"그 선로란, 바로 네 믿음이란다."

돈? 새해 들어 내 연봉이 7만 불로 올랐다.

'왜 날 이렇게 대우해 주지?'

내 나이 스물여섯에…. 이건 하나님의 축복이다. 회사에 다시 들어온 지 겨우 일여 년이 지났는데…. 이런 대우는 대기업이라면 있을 수 없는 일이다. 오히려 중소기업이기에 나 같은 한 사람도 이렇게 키워 주는 것이다. 신임을 받는 이유가 완전히 하나님의 은혜이지만 내게 조금이라도 있다면, 그것은 바로 나의 신앙생활 때문이 아닐까? 나는 술과 담배, 마약을 하지 않는다. 그리고 무엇보다 정직을 중요시한다. 글렌 사장과 토드 총책임자는 회사 리더급 회의뿐만 아니라, 새로운 직원을 뽑을 때도 나를 불러 면접을 보게 한다.

한편 직장에서의 내 과중한 일은, 스트레스로 인한 심한 여드름을 내 얼굴에 끊임없이 돋게 하고, 병원에 갈 시간조차 없게 만든다. 나는 또 탈진하게 될까 봐 두려울 때도 있다. 돈 벌기는 쉽지 않다. 언제 부자가 될 것인가? 아니, 어떤 사람이 부자란 말인가?

나도 부자가 되어 영향력 있는 삶을 살고 싶은 꿈이 있다. 그것은 언젠가 아프리카나 북한에 개성공단처럼 산업 단지를 만드는 것이다. 사업을 선교로 하는 것! 생산과 유통 등의 일자리를 창출하고 직원들의 보금자리와 그들의 자녀들이 다닐 학교 등의 복지시설까지 총체적으로 세우는 일이다.

하지만 그 비전은 내가 부자가 되어 내 힘으로 이룰 수 있는 것일까? 아니다! 돈은 하늘에서 떨어져야 한다. 내가 사업을 해 보니까 그 말이 맞는 것 같다. 하나님이 그 비전을 이루게 하시면, 내가 할 수 있다.

그렇게 생각하니 회사 일도 이전처럼 똑같이 힘들지만 내 안에 평안이 찾아왔다. 이것이 다시금 나에게 참 소망을 갖게 하고 내 사명을 묵묵하게 감당하게 한다.

그 사이에 내 아내 다혜에게도 변화가 생겼다. 웨스턴 대학교 간호대학원(Western University of Health Sciences)에서 합격 통지서가 온 것이다. 유 박사님 병원에서 하던 일은 그만 두고 지금은 공부를 하고 있다. 나는 장인어른과의 약속대로, 아내의 학비를 내가 대고 있다. 첫해 학비가 내 연봉보다 많은 8만 불이다. 우리 부부는 아직 내가 대학교 3학년 때부터 자취한 그 집에 세 들어 살고 있다. 체면이나 위신 따위는 신경 쓰지 않는다. 결혼해서 부부가 함께 미래를 향해 애쓰는 것은 행복한 것이 아니겠는가? '젊을 때 고생은 사서 한다!'는 말처럼.

내 동생 소식도 좀 전하고 싶다. 동생은 대학을 우등생으로 졸업한 후, 탈봇 신학대학원에 들어갔다. 교수님 밑에서 조교를 하면서, 목회학 (MDiv.) 4년 과정(98학점)을 밟고 있는 중인데, 미군 군목이 되려고 모든 서류를 갖추어 면접을 끝냈다. 그러고 나서 미 국방부(Pentagon)로부터 승인을 받고, 소위로 임명되었다. 동생은 아직 신학대학원을 졸업하기 전이고 스물네 살의 어린 나이지만, 미군 군목을 빨리 시작하는 이유는 원한다면 박사 과정을 공부할 수 있는 혜택이 주어지기 때문이다.

우리는 내일 일을 알 수 없는 연약한 인간이지만 비전을 향해 성실히 걸어가야 한다. 우리의 삶의 목적이 하나님께 영광을 돌리고, 사회에 아름다운 영향력을 끼치는 것이기 때문이다.

이제 내 인생의 한 쿼터, 25년의 스토리를 마무리하려고 한다. 얼굴과 지문이 다 다르듯이 각기 삶이 다 다르다. 단지 나의 이야기가 이 세대를 고민하며 살아가고 있는 우리 청소년과 젊은이의 한 사례가 되길 바란다.

우리는 이제 다문화 사회에 살고 있다. 온 세계에 흩어져 있는 사람들이 페이스북의 한 페이지에서 만나는 글로벌한 세상이 되었다. 페이스북에서 누구의 생일을 축하하고 누구의 부고도 듣게 된다. 누구의 의견이나 사진에 '좋아요'를 누르기도 하고, 생일이나 결혼을 축하해 주기도 한다.

나도 내 삶의 한 쿼터를 보내고 나서 또 새 쿼터를 맞이하는 정점에서 페이스북에 이런 글을 썼던 것이다.

"천국은 침노하는 자의 것이다!"

미래에 대한 진로, 공부, 취직, 직장, 결혼, 건강 등을 놓고 고민하고 갈등하는 모든 사람들이, 무엇보다 각자 스스로에게 독려해 주면 좋겠다. 천국은 저절로 갈 수 있는 곳이 아니다. 구하고, 찾고, 두드려야 열리는 문이다. 지금 최선을 다하면, 그 다음의 임무가 주어질 것이다. 아직은 불확실하다고 해도….

"미션 임파서블?"

"미션 파서블!"

아! 동이 튼다.

밤새 내 인생의 한 쿼터를 소개했다. 이제 당신 차례다.

"네 인생의 한 쿼터는?"